D0896441

¿Tienes una invitación para ir al cielo?

books4pocket

Marilyn Rossner

¿Tienes una invitación para ir al cielo?

Enseñanzas de una médium

URANO

Argentina - Chile - Colombia - España
Estados Unidos - México - Perú - Uruguay - Venezuela

Índice

1

¿Tienes una invitación para ir al Cielo?

Amado Dios todopoderoso
guíanos de la oscuridad a la luz,
de lo irreal a la verdad,
del miedo a la muerte a la consciencia de la vida eterna.

Es un placer para mí escribir estas páginas y compartir mi vida y los mensajes que me han llegado del otro lado contigo. Es todo un honor estar entre los dos mundos y ser capaz de transmitirte la esperanza y la fe, así como el amor, de los maestros y seres queridos que nos rodean y acompañan cada día de nuestras vidas.

No tengo edad, soy joven como la hierba nueva
y vieja como la eternidad.

Gran parte de mi trabajo en la Tierra consiste en enseñar a morir y a no temer ese tránsito, a mostrar cómo podemos cambiar las frecuencias de nuestra mente para entender que **no estamos solos, sino rodeados de amor**. Mi tarea es encontrar el punto de unión y comunicación entre las religiones del mundo, la ciencia, la espiritualidad y los valores del ser humano.

He estado en contacto con el mundo espiritual desde mi nacimiento. Ya de muy pequeña, en el colegio viví una experiencia que cambió para siempre mi vida: vi cómo una luz muy brillante se aproximaba. Desde entonces puedo escuchar voces, ver ciertas cosas y recibir mensajes.

Cuando tenía cuatro años me dijeron que Dios existía y que mi misión en la Tierra era ayudar a la humanidad, que el mundo sería mi hogar y todos los niños mis hermanos. Por supuesto, a esa edad me asusté y nadie entendía qué me pasaba, pero mis padres, a pesar de ser judíos ortodoxos, me abrazaron y me dijeron: «Tranquila, todo está bien».

Mi familia era muy rica espiritualmente. Mis padres eran personas muy amorosas y fuertes, que siempre nos apoyaban a mis hermanos y a mí en todo lo que hacíamos, y que nos ayudaban a crecer y a convertirnos en quienes estábamos destinados a ser. Creían mucho en la educación, en el amor y en el respeto. Siempre estuvimos rodeados de gente católica, pero yo no encuentro diferencias entre culturas, etnias o religiones.

Desde niña, a pesar de encontrarme entre dos mundos, en mi casa siempre me aceptaron como era, con mi particular don y mi forma de ser. Y eso es algo que agradezco muchísimo, pues otros niños pierden sus facultades a causa de una formación rígida, de prohibiciones y negativismos. Mi educación estuvo siempre vinculada a mi misión, a ayudar a la humanidad y a cuidar a los seres más necesitados, como los niños o los adultos que pasan por épocas de gran dificultad.

Mis pies pisan tierra firme a pesar de todo.

Mi vida junto a mi marido en Montreal ha sido muy sencilla hasta su reciente traspaso, y él sigue acompañándome con calidez desde su nuevo hogar. Mantengo una dieta vegetariana, madrugo cada día, medito, rezo, practico yoga y trabajo en aquello que me llena.

Lo que veo más allá no me impide estar aquí. Soy doctora en educación especial y psicología, y doy clases en la Universidad de Vanner, Montreal, donde enseño a maestros y educadores que trabajan con niños especiales.

Doy gracias a la vida por haber tenido la suficiente fortaleza interna para aceptar mis experiencias psíquicas como algo real, sin importar quién me diera la espalda. Me he dado cuenta, a través de mi trabajo académico, de que una de las razones por las que conservo mi don es porque nadie me dijo jamás que no debería tenerlo, pero además porque pasé mucho tiempo sola, rezando y meditando.

Por su marcado carácter espiritual, mi familia siempre se encontraba en un estado contemplativo y, aunque no lo supiéramos, mediante estas prácticas alterábamos las ondas de nuestro cerebro entrando en un estado de conciencia distinto que me permitió desarrollar mi don.

¿Qué es una médium?

Una médium es una persona que se comunica entre este mundo y el espiritual, trayendo mensajes de aquellos que están al otro lado y quieren decirnos que siguen vivos. En mi caso, veo determinadas cosas alrededor de las personas: colores, fechas y espíritus. Cuando alguien va a morir siento que su cuerpo astral está preparado para abandonar el físico, y a veces siento, veo u oigo que alguien quiere hablar, así que me ofrezco como intermediaria. Entro en trance y el espíritu se comunica a través de mí.

Al morir una persona, lo primero que hace es decirnos que sigue ahí, que está bien y nos quiere. No podéis haceros una idea de lo que siente un padre, una madre, un hermano… cuando de pronto sabe que sus seres queridos siguen en la Tierra. Por eso les sonríen desde el otro lado.

Todos nacemos con estas habilidades para llegar a comprender el mundo terrenal y el del más allá. **Todas las personas tienen la habilidad de comunicarse con el mundo espiritual** y redescubrir su potencia interior.

La mayoría de la gente no es consciente de esos dones porque se les enseña, desde pequeños, a tener miedo de sus propias capacidades. Muchos creen que ser médium significa estar loco o compinchado con el diablo, pero no existe el demonio ni el infierno, empecemos por ahí. Sólo otro mundo donde nuestros seres queridos nos siguen amando.

La base de mi infancia ha sido el perdón y el amor. Toda mi familia es espiritual, como también lo son mis hermanos, pero cada uno a su manera y con sus propias creencias. Por ejemplo, Dennis, mi sobrino, también tiene el don, y esta comprensión y este amor nos dan fuerza a ambos.

Aunque pueda parecer raro, a pesar de que me encantaba aprender y ayudar, así como estar con la gente, nunca estuve interesada en ir a bares o salir de fiesta. Ya de niña supe con quién me casaría, quién formaría parte de mi camino.

Tuve una visión reveladora a los catorce años donde aparecía mi marido, un pastor católico, y se lo conté a mi familia. Por supuesto, mi abuela me dijo que íbamos a rezar a Dios para que esto no ocurriera —como católicos, no sabíamos que un pastor podía casarse—, y yo le respondí: «Dios es quien me ha dicho que va a ocurrir».

Junto a mi marido he enseñado a lo largo de medio siglo experiencias psíquicas, interpretación de los sueños y a comprender y a acompañar a las personas en la muerte.

Desde mi fundación, intentamos que las experiencias psíquicas sean parte del día a día. Enseñamos a entrar en un estado alterado, a relajarnos y a ser creativos, a comunicarnos con nuestros guías y a inspirarnos. Aunque, de hecho, sólo enseñamos lo que en realidad todos sabemos en nuestro fuero interno: experiencias de nuestro propio ser que nuestra educación ha asfixiado y tratado de eliminar.

La muerte no existe, sólo el cambio.

¿Cuál es tu misión?

La gente acude a mí por numerosas razones. Muchos tienen miedo, otros buscan aliento o seguridad; algunos ya han tenido experiencias psíquicas y quieren saber que no se están volviendo locos. La gran mayoría viene porque quiere creer a pesar de todo, ya que todos conocemos el mundo espiritual por nuestras experiencias interiores.

Más de un ochenta por ciento de las personas que acuden a mí son profesores, empresarios y terapeutas, profesionales que buscan la fuerza y las herramientas para desarrollar su don. Pero lo más importante: llegan a mí porque **tienen una misión que pactaron antes de llegar a la Tierra**. La mía es enseñar a los adultos y cuidar a niños con problemas, pero: **¿cuál es la tuya?**

El noventa por ciento de las enfermedades tienen su origen en el miedo y la culpa, pero ¿a qué se deben estos sentimientos? A la ignorancia, a la incertidumbre, a la confusión…

¿Qué es la muerte?

Nuestro mundo no es el único que existe y nosotros no sólo somos carne y huesos. **Cuando morimos es como si cayéramos dormidos y soñáramos.** Salimos del cuerpo y nos encontramos con nuestros guías y seres queridos para viajar al mundo espiritual, donde todos los que hemos conocido continúan con sus vidas y la vida prosigue en todas sus formas.

La muerte es una gran incomprendida. Ha sido rechazada y condenada a ser la mala de la película porque no sabemos qué hay más allá. Pero **nadie puede ser realmente feliz en la vida si no entiende el proceso de la muerte**, pues morir no es más que un cambio. El miedo a la muerte nos impide alcanzar el verdadero sentido de la vida, la autorrealización.

No podemos «morir» porque **no sólo somos cuerpo y mente, sino que también somos espíritu**, un espíritu perfecto y eterno que lleva viviendo desde el principio de los tiempos y continuará haciéndolo después de esta encarnación. Todos somos parte del mundo espiritual y todos evolucionamos después de la muerte, sin importar nuestra raza, credo o género.

Una de las verdades más importantes y fundamentales que hemos de entender es que **la vida continúa después de la muerte**, que sólo es una fase de nuestro crecimiento espiritual, y que todos aquellos a los que hemos amado siguen ahí, a nuestro lado, acompañándonos, guiándonos, dándonos su cariño y afecto.

Todos y cada uno de nosotros morirá algún día y es necesario que aprendamos a no temer ese paso, porque **sólo es un cambio de escenario y traje, una nueva función.** Al otro lado nuestro pensamiento y evolución prosigue, continuamos comunicándonos con quienes quedan en la Tierra, a la vez que recobramos a los seres queridos que creíamos haber perdido.

¿Por qué estamos aquí?

Entre los temas que explico en mis conferencias y clases se encuentra el del karma, la respuesta a ¿por qué estamos aquí? En el momento que aceptamos y entendemos que hay algo más allá de la vida que conocemos, nuestra forma de comunicarnos y entender las cosas cambia.

Todos venimos a la Tierra con una misión y una responsabilidad sobre nuestros pensamientos, palabras y actos. Nadie viene a la Tierra por accidente o como un castigo, ni siquiera nacemos porque otros lo hayan deseado. Todos estamos aquí por propia voluntad.

> *La misión y el sentido de nuestra vida es lo único que nos debe preocupar.*

Nuestro espíritu desea evolucionar, crecer, y por ese motivo nos encarnamos. **Venimos a la Tierra con una tarea que debemos completar a lo largo de nuestra existencia en este cuerpo**, y cuando nos ponemos en ese camino es cuando sentimos que nuestra vida tiene sentido, somos felices y estamos completos.

Somos eternos niños de luz, pero en un momento determinado nos hemos salido del camino sin querer y hemos olvidado quiénes somos. Creemos que somos un cuerpo con una mente y no recordamos todo lo que existe a nuestro alrededor y en nuestro interior. Pero esto va a cambiar, porque las energías están mutando, así como el planeta y nosotros mismos, para que nuestra conciencia despierte.

¿Y nuestro cuerpo qué es?

Como dicen las antiguas escrituras, **el cuerpo es el templo de Dios. Cuida de tu cuerpo, pues es en él donde aprendemos y sentimos la presencia divina.** Estamos hechos para formar parte de una conexión que lentamente empezamos a comprender, de un cuerpo místico.

*Tenemos un sexto sentido
que hemos abandonado.*

Las percepciones y capacidades de las que hablo no son «extrasensoriales», sino que se perciben con un sentido distinto a los cinco sentidos físicos. Este don es tan natural como los otros, pero no está tan desarrollado, aunque muchos han nacido como yo y son conscientes de él. Todos podemos aprender a cultivarlo. **No necesitas ser especial para captar lo que te rodea.**

Todos los niños nacen con estas capacidades, aunque la mayoría lo olvida al crecer y, si continúa percibiendo algo, lo ignora temeroso. En realidad, cada persona utiliza estas habilidades, aunque sea de forma inconsciente, porque es parte de nuestra esencia universal o inconsciente colectivo, porque somos espíritus en cuerpos físicos con mentes poderosas capaces de crear nuestra propia realidad.

Existen técnicas para alterar las ondas cerebrales y entrar en otro estado de conciencia para ser capaces de sentir las frecuencias y energías que nos rodean. Podemos aprender a utilizar la intuición y la creatividad para solucionar nuestros problemas, el pensamiento positivo para mejorar nuestra vida, pedir ayuda a nuestros guías aunque no les veamos, hacer ejercicios respiratorios y meditar. Y sobre todo amar.

La gente se está abriendo mucho, tanto a otras culturas y formas de pensar, como al mundo espiritual. Parece que **el miedo está dando lugar a la curiosidad**, y está aumentando el interés por el mundo interior, así como por las técnicas que nos ayudan a mejorar nuestra vida y a sentirnos más fuertes.

Pero lo cierto es que, al fin y al cabo, este don es algo natural. Hemos sido nosotros mismos quienes nos hemos apartado de la alegría de la verdad.

Todos somos hermanos.
No existe la muerte.
Amemos y perdonemos.

Mientras trabajaba en este libro, un periodista vino a visitarme para conocer mi labor y mi día a día con las personas que acuden a verme. Antes de que empezara su entrevista, yo le pregunté:

—¿Tienes una invitación para ir al Cielo?

—No lo sé —me respondió muy sorprendido.

—Nadie lo sabe —le dije con una sonrisa—. Por eso estamos aquí. Para ver si nos la ganamos.

2

Memorias de la Tierra y del Cielo

A modo de presentación

De mí misma puedo decir que, a pesar de todo, mis pies pisan tierra firme. Lo que veo más allá no me impide estar aquí. Ése es el motivo de que me doctorara en psicología y de que imparta clases en la Universidad de Montreal como doctora en educación especial.

Mi nombre es Marilyn Rossner y llevo una vida simple y tranquila en Canadá. Cada día me levanto temprano, medito, rezo, hago yoga y sigo una dieta equilibrada. Soy vegetariana desde los seis años y jamás he probado una gota de alcohol o fumado un cigarrillo. **Nuestro cuerpo es nuestra casa y debemos cuidarlo y mimarlo**. He aprendido que la disciplina es muy importante en la vida: cada día hay que cantar mantras y hacer ejercicio, mantener el cuerpo, la mente y el espíritu sanos.

Soy judía, pero acepto a Cristo y creo en la reencarnación. Me casé con un pastor anglicano, experto en religiones comparadas, y juntos fundamos el International Institute of Integral Human Sciences para estudiar los fenómenos paranormales.

Yo no intento imponer mis creencias a nadie, sólo quiero compartir mis conocimientos. Hay un antiguo refrán que dice: **«Sólo hay una verdad, pero muchos caminos para llegar a ella»**.

Cuento con capacidades telepáticas, clarividentes, precognitivas, clarisensitivas, psicométricas. Tengo acceso a algunas profecías, y muchos me consideran la mejor médium del mundo. Fui la estrella de un programa televisivo de Canadá llamado *Más allá de la razón*, con dieciocho millones de telespectadores, y he trabajado regularmente como colaboradora en el principal periódico de Montreal, sobre todo en investigación científica del espíritu y de la mente.

Aunque la verdad es que no soy tan diferente o especial. Todo el mundo guarda en su interior esa sensibilidad ya que, como he dicho antes, nacemos con esta capacidad. Todos somos hermanos y hermanas en la vida eterna y nacemos con las mismas capacidades, aunque algunos se decanten hacia la música o la pintura, y otros hacia la física o la cocina, por poner sólo algunos ejemplos.

Dos caminos para una vida

Principalmente me dedico a dos cosas. En primer lugar, soy profesora de educación especial, y formo a personas que trabajan con niños retrasados o minusválidos, con el cerebro dañado o hiperactivo. También trato a niños con problemas neurológicos y algunas veces a niños ciegos. Enseño temas estrictamente académicos: problemas de aprendizaje, de comportamiento, aunque lo hago con el deseo de que mi trabajo no se confine solamente al ámbito académico y llegue más allá.

Soy especialista en tratar a los llamados niños difíciles o con problemas de comportamiento, y autora del libro *Yoga, psicoterapia y niños* (publicado en España por Tetragrama).

Gracias a mis dones, cuando trabajo con un estudiante puedo darme cuenta muy claramente de cuáles son sus dificultades;

puedo saber, por ejemplo, si una estudiante acaba de abortar y está deprimida. Puedo ver el espíritu y así soy capaz, sin tratar de leer sus pensamientos, de entender. Así puedo ayudar al estudiante a que siga su proceso.

Aparte de mi trabajo como educadora, hago demostraciones psíquicas desde los catorce años.

He publicado artículos en revistas internacionales y científicas, y he sido invitada a numerosas cadenas de televisión internacionales. He viajado por todo el mundo dando conferencias, reuniendo a miles de personas en diferentes países en mis seminarios y congresos. Me han recibido los más altos mandatarios y presidentes, y he tenido la fortuna de conocer a grandes personas y personajes, como en mi audiencia con el papa Juan Pablo II en el Vaticano.

Durante más de veintidós años, de 1972 a 1994, trabajé como profesora, cuidadora y consejera en el Vanier College de Montreal. Antes había sido directora de educación especial en el Departamento de Psiquiatría del Hospital Infantil de Montreal, y más tarde fundé The Spiritual Science Fellowship, en la actualidad una organización muy activa que aporta esperanza, consuelo y conocimiento sobre los potenciales humanos espirituales a personas de todas las religiones y naciones.

Nuestros dos hijos

Con mi marido siempre bromeábamos y decíamos que teníamos dos hijos, el Instituto y la Fundación Espiritual donde trabajamos para el cambio de la humanidad. En 1979, reunimos un grupo de científicos internacionales, doctores y líderes religiosos de varias disciplinas en el International Institute of Integral Human Sciences.

Mi marido, llamado por sus alumnos Padre John, era un pastor anglicano, así como un conocido visionario. Fue profesor de religión durante treinta y tres años en la Concordia University de Montreal y presidente del International Institute of Integral Human Sciences. En 1988 fundó la Orden de la Transfiguración, afiliada al World Council of Churches.

El propósito de nuestra escuela espiritual es hermanar las enseñanzas del yoga con otro tipo de fenómenos. Por eso contamos con clases de yoga, oración y meditación, y los sábados por la tarde celebramos una misa seguida de cantos, meditación y una conferencia para compartir lo que los espíritus nos transmiten.

Hoy en día, el Instituto está afiliado a las Naciones Unidas para la promoción de los estudios que hacen converger la ciencia y la espiritualidad, y hacemos hincapié en la importancia de hacer emerger los valores humanos universales en el mundo global. El instituto está afiliado también a una organización de personas de todas las creencias, fundada en 1977 bajo el nombre de Spiritual Science Fellowship of Canada.

¿Qué percibe una médium?

La palabra *espiritismo* nos trae a la mente imágenes de ancianos de largas melenas blancas alrededor de una *ouija* que intentan comunicarse con los muertos. Pero, de hecho, más de la mitad de quienes practican el espiritismo son cristianos, judíos o practicantes de otra fe.

Los principios del espiritismo son los mismos que los de la mayor parte de las religiones y, en realidad, puede hacer de las creencias de una persona algo más completo.

Soy una de las líderes espirituales de Canadá, y no doy más que aquello que los demás buscan, pues son muchos quienes desean desarrollar sus capacidades psíquicas y llevar una vida espiritual.

Creemos que hay una inteligencia universal a la que llamamos Dios, y que entendiendo las leyes de la naturaleza podemos entender al Cristo Universal de Dios que mora en todos nosotros.

La especie humana es una hermandad y nuestra vida es eterna. Aquellos que se oponen al contacto con los espíritus por medio del Antiguo y Nuevo Testamento sacan de contexto las escrituras, pues **en toda la Biblia podemos ver muestras de dones psíquicos**, como puede ser en la figura de Jesús o Moisés.

Trabajo con personas que van a morir y con gente que trata con personas en el trance de la muerte. Les ayudo a entender que **muchos de los que consideramos muertos están más vivos que la gente que está aquí**, así como muchos de los que están vivos se encuentran, de hecho, muertos.

La vida es cultivar el corazón, la mente y el alma. Si no entiendes el proceso de la muerte, no puedes comprender el proceso de la vida.

El objetivo de mis demostraciones como médium es dar esperanza y fuerza a quienes me escuchan para desarrollar sus propios dones psíquicos. Como psíquica he tenido que aprender a ser una observadora objetiva, además de entender que hay un momento y un lugar para cada lectura.

Los que somos capaces de «leer», aquello que «vemos» es el subconsciente de la persona, su aura. Lo que percibo en un momento dado es lo que ocurrirá, por ejemplo, mañana. Nunca me centro en lo negativo, ni digo qué debe hacer cada uno. Muchas veces no sirve de gran cosa revelar el pasado o el futuro, porque eso negativo que sentimos en la persona, puede que sea la manifestación de nuestros propios sentimientos. Por eso me gusta presentar cualquier información desde su cara positiva.

La aventura de una médium

Cuando reviso mi vida, me doy cuenta de que mi infancia estuvo llena de lo que ahora llamamos experiencias psíquicas y espirituales. Sabía algunas cosas que iban a ocurrir, acontecimientos sencillos de la escuela como qué vestidito llevaría la profesora, qué preguntaría, etcétera. Ahora sé que muchos de estos juegos de infancia eran una oportunidad para mi mente de hacer lo que llamamos transmisión de pensamientos, telepatía, viajes astrales...

El tipo de visiones y experiencias que he tenido desde mi más temprana infancia me marcaron para siempre. Con los años, para mí ha sido totalmente natural el hecho de abrirme y mostrar mi don espiritual a todos, pero en un primer momento no fue tan sencillo.

Además de estudiar misticismo judío, otras dos ramas que han contribuido a mi formación han sido el yoga clásico Vedanta —tradicional de la India— y las tradiciones del espiritismo moderno.

Las dos figuras más importantes e influyentes que me enseñaron a aumentar mi intuición fueron los médiums más importantes de su época, también ministros del Movimiento del Espiritismo Moderno: Mamie Brown —que me dio ejemplo con su estilo de vida, católica convencida, y me sirvió como guía espiritual hasta poco antes de su muerte, en 1986, a la edad de noventa y seis años—, y Clifford Bias, decano del Seminario de Chesterfield, donde me gradué.

Padres y maestros del amor

La primera inspiración para la misión de mi vida vino de mis padres, Sarah y Abraham Zweig. El primer recuerdo que tengo de mi padre es el de estar rezando. Crecí en el seno de una familia profundamente espiritual, donde mis progenitores oraban dos veces al día y meditaban.

Mis padres vinieron desde Polonia y eran personas que no habían recibido educación. Aunque trabajaban muy duro, éramos pobres económicamente pero ricos en espíritu. Cuando yo preguntaba o manifestaba cualquier deseo, mis padres siempre decían que **con fe Dios lo puede todo**. Mi familia me enseñó a vivir con fe y amor. Cuando mis dos hermanos o yo queríamos algo, mis padres me decían: «Voy a intentar conseguírtelo».

Recuerdo que con nueve años me encantaba patinar, así que pedí unos patines. Mis padres no tenían dinero, pero aun así me dijeron que me conseguirían unos. Días después mi padre me dio una caja con los patines y mi madre me dijo que había vendido algunos muebles y que ahora podría patinar por casa.

Mi familia era muy protectora y se desvivía por nosotros porque habían perdido a muchos seres queridos durante el Holocausto. Por ejemplo, mi madre perdió a su hermana. Yo nunca aprendí a ser una gran patinadora, pero lo importante es que me compraron unos patines. Mis padres me querían mucho y me enseñaron que **lo primero es el amor, no juzgar y ser amable**.

Fui bendecida con una buena infancia donde siempre fui aceptada y apoyada. Mis padres querían que fuéramos buenos trabajadores y ciudadanos, que ayudáramos a los demás. **Lo importante es qué hacemos con las oportunidades que tenemos**, porque Dios nos ama y debemos dar lo mejor de nosotros mismos.

Otros maestros de vida

Además de mis padres, otro gran maestro para mí ha sido Swami Vishnudevananda, con quien he pasado mucho tiempo aprendiendo yoga y su camino vital, además de alimentarme adecuadamente. He tenido la fortuna de ser una de las pioneras al introducir el yoga en el trabajo con niños con necesidades especiales, y tanto su filosofía como sus técnicas han influido profundamente en mi vida.

La reverenda Mamie Brown, una médium increíble, casi ha sido como una segunda madre para mí. Cuando la conocí me dijo: «Eres la niña que nunca tuve». Siempre estuvo ahí para ayudarme; ella era parte de mi destino y me enseñó cómo ayudar a la gente, y a entender qué hay después de la muerte.

En mi vida y en mi trabajo con niños, la presencia de la Madre Teresa de Calcuta me impresionó e influyó; no he sido la misma desde que la conocí. Agnes Gonxha Bojaxhiu, monja católica de origen albanés, durante más de cuarenta y cinco años, trabajó y ayudó de forma incansable a enfermos, huérfanos, pobres y moribundos. Descubrió su vocación, como yo, a temprana edad, y optó por cambiar su nombre por el de Teresa, la patrona de los misioneros.

En sus propias palabras: «**A veces sentimos que lo que hacemos es tan sólo una gota en el mar, pero el mar no sería tan grande si le faltara una gota**».

Aunque si lo pienso más profundamente, mis maestros y gurús más grandes son mis niños especiales, porque me han demostrado que, **a pesar de todos los sufrimientos que puedas pasar, siempre hay lugar para el amor**.

La primera vez

De pequeña fui a una escuela pública y, un día, cuando tenía unos cuatro años, nuestro profesor nos hizo confeccionar un árbol de Navidad en papel. Mientras lo estábamos haciendo, me sentí mareada y todo empezó a darme vueltas.

De pronto, una cara apareció ante mí —no sabía nada de las experiencias fuera del cuerpo en aquel momento— y el rostro era hermoso, tenía una mirada penetrante y cabellos largos, y me dijo al oído derecho: «**Cristo es Dios, Cristo es de hecho el Señor**». Justo entonces vi a un grupo de niños que se tomaban de las manos y cantaban: «**Somos uno en el Espíritu, somos uno en el Señor**».

En cuanto salí de la escuela, corrí llorando a explicárselo a mi madre.

Los años siguientes, continué teniendo estas experiencias: vi parientes muertos a los que nunca había conocido y finalmente me llevaron a ver a un rabino en Nueva York, quien tranquilizó a mis padres y les dijo que yo tenía dones especiales, así como una importante vocación.

A partir de entonces me apuntaron a lecciones de hebreo en una escuela, mientras continuaba viendo auras alrededor de la gente y prediciendo cosas, algo que hizo que algunos niños me tuvieran miedo.

Mis padres llevaron siempre una vida espiritual. En realidad, llevaban una vida muy yóguica a su manera. Así que, para ellos, no resultaba nada extraño tener un hijo a quien le encantase rezar y meditar. Lo que no entendían era que yo les hablase de Cristo, de memorias de vidas pasadas, e incluso que a los siete años tuviese una visión que me empujó a **no comer carne porque matar animales de modo innecesario conlleva un karma muy negativo**.

Reticencias familiares

Si vuelvo la vista atrás, a la época en que era pequeña, recuerdo que, estuviera donde estuviera, siempre había monjas. Un día, con tres años, me escapé de mi madre y me agarré a los hábitos de una de ellas. «¡Llevadme a casa!», dije, antes de romper a llorar.

Las experiencias visionarias de mi vida espiritual me han acompañado desde que nací, como si todo mi cuerpo y cualquier lugar donde me encontrara estuviera marcado por huellas dactilares del Cielo.

Nací en una familia judía ortodoxa, y mis padres eran profesores de religión mística, además de grandes trabajadores, como ya he dicho. A pesar del don que demostré tener desde niña, éste no fue reconocido inmediatamente por mi familia.

Mi madre trataba de convencerme con suavidad de que las niñas judías no ven a Dios ni tienen visiones, a lo que yo respondía: «¿Y por qué no?», pues explicaba a mis padres cada detalle de lo que veía o de quienes me visitaban o encontraba. Además, la aparición de Dios no respondía ni a un dios judío ni a uno cristiano, sino simplemente a **un dios que quería ayudar a todo el mundo**.

Algunas personas cercanas a nuestra familia prohibieron a sus hijos que tuvieran relación conmigo a causa de mis visiones y mis frecuentes conversaciones sobre Jesús, pues malinterpretaban mis palabras y entendían que rechazaba mi fe judía, y aunque nunca fue así, mi sensibilidad fue a menudo incomprendida.

Durante mi infancia, adolescencia y hasta mi madurez, fui rechazada por casi toda la comunidad ortodoxa, excepto por mis familiares directos. Mi madre, una pequeña mujer santa e inteligente, me demostró un inmenso amor incondicional y siempre me describía como una «niña muy buena». Mi padre era *kohen*, o sacerdote heredero judío, descendiente de Aarón, y líder en la sinagoga de Montreal, donde daba misa por las mañanas y por las tardes. Era un hombre muy devoto.

Nunca supo qué hacer conmigo, aunque me quería y reconocía en mí un poder visionario. Todo cambió cuando fui reconocida y bendecida por uno de los rabinos hasídicos, quien dijo que yo estaba bien y que Dios me protegía.

A pesar de estos momentos de incomprensión y del rechazo de algunas personas, reconozco que estuve acompañada toda mi infancia por mi padre, mi madre, mi hermano, mi hermana y mi abuela.

La niña de Park Avenue

Nunca fui una niña como las demás y, a pesar de ser judía, tuve una visión de Jesús y de un hombre hindú que me decía: **«Ten-**

drás una vida pura, mi niña, y crecerás para ayudar a todos los niños enfermos del mundo». Durante mi infancia experimenté la visión de Jesús y de la Virgen María en distintas ocasiones.

Los niños hablaban de esa extraña niña que paraba a la gente en la Park Avenue de Montreal, y les decía cosas que no podía saber, pues me encantaba acompañar a mi padre a su restaurante favorito y plantarme en la puerta para adivinar cuánto habían pagado los comensales. ¡Y acertaba!

Cuando tenía sólo cuatro años y medio, un gran maestro hasídico vio en mí a una niña especial y así lo anunció a mis padres. Les advirtió de que me cuidaran mucho, pues había sido escogida por el cielo para una misión muy especial. Dijo que poseía el poder del Ruach Ha Kodessh, en hebreo «Espíritu Sagrado».

Tuve muchas visiones en las que se me aparecieron Jesús y María, junto con santos de otras religiones como la hindú, el budismo, el islam… Aunque el Dios de todos y para todos era siempre el mismo. Era lo que llamaríamos el Cristo universal, el cosmos, el athman.

Pronto empecé a protagonizar algunas experiencias y tuve más de una visión de maestros que me decían que había venido a la Tierra para mostrar la verdad. Al haberme criado en el seno de una familia judía ortodoxa, mis visiones sorprendieron mucho a todos, pero no tuvieron más remedio que creerme cuando empecé a describir a la perfección a las personas que estaban sentadas con nosotros a la mesa. Sólo yo las veía.

Resultaron ser mis parientes muertos en el Holocausto nazi.

También vi en más de una ocasión a un maestro hindú que me dijo: **«Viajarás por el mundo, el mundo será tu hogar, la gente del mundo serán tus hermanos y hermanas, y enseñarás».** Era Sivananda, aunque no lo supe hasta muchos años después.

Mensajes y advertencias del más allá

Cuando tenía seis años de edad empecé a ver a los seres queridos que habían muerto y, un día, mientras recorría el camino a casa, apareció ante mí la imagen de mi abuela, que vivía en Toronto. Ella me dijo que se había muerto y que corriera a casa a decirle a mi madre que el bebé que llevaba en el vientre tenía que llamarse como ella, Hannah.

Mi madre, que efectivamente estaba embarazada, sufrió un *shock* cuando recibió un telegrama de Toronto anunciando la muerte de la abuela. Así que cuando nació la niña la llamaron Hannah. Desde entonces, he sido capaz de ver a través de la vida espiritual y de recibir ayuda guiada, describiendo a personas muertas, consolando a los vivos, mostrando el buen camino a niños y a personas necesitadas, haciendo predicciones muy precisas...

Uno no puede imaginar lo reconfortante que es para una madre que ha perdido a su hijo tener la seguridad de que está bien y de que sigue vivo.

Pero fue a partir de los ocho años cuando nació en mí el deseo de comprender los fenómenos que estaba experimentando. Preguntaba a los rabinos, pero ellos me decían que no me preocupase, que olvidase lo que no eran más que sueños. Algún sacerdote llegó incluso a decirme que estaba poseída. Yo, mientras tanto, seguía orando y orando en busca de una respuesta. Y como mi madre respetaba a todo el mundo, me trató siempre de forma natural, de modo que crecí creyendo que todos eran como yo.

Cuando tenía nueve años, vi que mi prima iba a caerse por las escaleras y le dije a mi madre y a mi tía que arreglaran la barandilla. No me hicieron caso. Mi prima se cayó y casi se rompió la espalda; es jorobada desde entonces.

Recuerdo muchos ejemplos como ése de gente que no sigue mis consejos y viene años después para decirme que le gustaría haberme hecho caso.

La predicción de un adiós

Para mí este don que acabo de ilustrar no es raro en absoluto. Ha estado conmigo toda la vida, de modo que estoy acostumbrada a ello. Es como cuando miras un coche y ves que es rojo o azul y no nos sorprende saberlo. Es exactamente igual que cuando yo recibo mensajes del más allá.

A lo largo de mi vida he ido encontrándome con muchas personas que poseían dones, pero también con gente que desea tenerlos y no lo sabe hacer bien, que se engañan a sí mismas más que a los demás. Y sí, también me he encontrado con algún fraude, aunque no demasiados.

Sobre esto último, recuerdo una excursión que hice con un psicólogo que se había unido a nuestro grupo de yoga. Me llevó al hospital para estudiar cómo funcionaba mi cerebro y, en una ocasión, me condujo hasta un ala concreta del hospital y me dijo: «¿Ves a todos esos? Todos ellos han tomado drogas y han jugado con los poderes psíquicos porque no saben ni quiénes son».

No fue hasta los catorce años que me di cuenta de por qué los demás no me entendían. Yo creía que veían como yo, y en ese momento comprendí que yo tenía un don. Un día sucedió algo que me hizo observar más de cerca a mis compañeros.

El 23 de abril del año en que había cumplido los catorce, me desperté y oí una voz que me decía que Bárbara, mi mejor amiga, moriría el 19 de mayo. Cuando llegué a clase tuve la extraña visión de una fecha, día, mes y año sobre el aura grisácea de mi amiga, y me di cuenta de que estaba ante la fecha del día de su muerte.

Preocupada por aquello, compartí mis visiones, con total inocencia, con una de mis amigas. Olvidamos el tema hasta que el día, mes y año exactos, Bárbara fue llevada urgentemente al hospital afectada de leucemia y murió el día que predije. Resultó que mi amiga, a pesar de parecer completamente sana, padecía un trastorno del que no se dieron cuenta hasta después de su muerte.

La escuela entera sufrió un *shock* y se corrió la voz. Los niños me preguntaban cómo había podido saberlo, y yo respondía convencida de que ellos me entenderían. «Estaba rodeada por un color grisáceo y tenía la fecha escrita», les decía. Naturalmente, esta explicación no hizo más que confundir a mis compañeros y me preguntaron qué quería decir con eso del color grisáceo, a lo que respondí: «Ya sabéis, eso de cuando la gente está envuelta de colores: azul, amarillo, gris, blanco…». Alucinados y asustados, mis compañeros respondieron: «¡No, no lo sabemos! No vemos colores alrededor de la gente. ¿A qué te refieres?»

Eso me chocó más de lo que mis respuestas habían chocado a mis compañeros, pues fue la primera vez que me di cuenta de que no todo el mundo veía de la misma forma que yo.

Entonces lo comprendí. Al principio me asusté mucho y no supe qué hacer con las dotes paranormales que tenía, hasta que llegó un punto en que pensé que me volvería loca.

Ésta fue una época clave en mi vida, ya que se desencadenaron muchos acontecimientos a la vez. Cuando Bárbara dejó este mundo, empecé a hablar con gente y les contaba muy inocentemente que mientras unos son rosas y azules, otros tienen auras grises y sombras. Ellos naturalmente no entendían nada de lo que les decía. Fue entonces cuando, por primera vez, comprendí que no todo el mundo tenía esa visión interna, ni siquiera en mi familia.

La verdad es que no recuerdo ninguna época de mi vida en la que no fuese consciente de la existencia de seres de otro plano y no recibiese todo tipo de revelaciones internas. Pero desde entonces no sólo intenté comprender lo que eran estos fenómenos, sino también combinarlo con mi trabajo académico.

He llegado a la conclusión de que todos esos fenómenos son parte de la naturaleza y que ocurren según una ley natural.

La casa de los espiritistas

Después de predecir la muerte de mi amiga recé a Dios para saber para qué servía mi don, hasta que, meses más tarde, se me acercó en la calle un hombre a quien no conocía y me dijo que me llevaría a un lugar donde me entenderían.

Me condujo a una casa donde un grupo de personas se dedicaban al espiritismo y una mujer, ya muy mayor, se me acercó y me dijo: «Cariño, quiero hablar contigo. Eres una médium y vas a trabajar por todo el mundo».

Aunque yo nunca antes había oído esa palabra, ella me dijo que un día yo haría lo que ella estaba haciendo y que, de hecho, tenía que hacerlo. Más tarde me explicó lo que era la comunicación con el mundo de los espíritus y, mientras hablaba, comprendí muchas cosas. Supe quién era Daisy —mi espíritu guía—, y entendí por qué caminando por las calles podía saber cosas que iban a suceder.

A partir de ese momento empecé a tener visiones sobre mi vida, una tras otra, hasta entenderlo todo. Al mirar a mi alrededor empecé a ver espíritus detrás de la gente.

El presagio de Father John

Mientras contemplaba mi vida, tuve la clara visión de que iba a casarme con un sacerdote en el año 1974. Había visto claramente la imagen de un hombre vestido con hábito y con el número 1974 escrito encima de su cabeza. Ni yo ni mi abuela judía ortodoxa sabíamos por aquel entonces que había algunos sacerdotes anglicanos a quienes les estaba permitido casarse. Naturalmente, eso tampoco hubiera tenido importancia a la hora de evitar el horror que demostró mi pobre abuela ante mi visión.

También supe que jamás iba a tener hijos propios, que iba a viajar por todo el mundo y que sería guiada en cada momento.

Y, efectivamente, en 1972 conocí a un pastor anglicano mientras me dirigía a un retiro espiritual. Quien acabó siendo mi marido, conocido por sus alumnos como Father John, introdujo estos fenómenos en la universidad y enseñó hasta hace muy poco que el espíritu es el eslabón que falta entre la religión y la ciencia.

La visión de Sivananda

Ese mismo día, después de esa revelación crucial, tuve una nueva visión al llegar a casa. De nuevo se mostró ante mí el maestro hindú que se me había aparecido en otras ocasiones y me explicó una filosofía oriental que yo nunca había estudiado.

Años después descubriría que el santo hindú que se me aparecía a menudo de niña era el doctor Swami Sivananda de Rishikesh, también llamado «el San Francisco de la India Moderna». Era conocido por su gran labor humanitaria trabajando con niños enfermos y ciegos.

Swami Sivananda, maestro espiritual yogui y gurú hindú, fundador de la Divine Life Society, trabajó hasta su muerte en 1963 como médico en Malasia durante muchos años antes de convertirse en monje. Propagó el yoga y la doctrina Vedanta y estableció su sede, el Ashram Sivananda, a orillas del río Ganges, además de escribir más de trescientos libros de temáticas médicas y espirituales.

Mucho antes de saber quién era, el maestro me había hecho llegar el siguiente mensaje: **«¡Toda la humanidad es una! Servimos a Dios en cuanto servimos a todos los niños del mundo independientemente de su raza, religión o nacionalidad».** Éste fue exactamente el mismo mensaje que Jesús me había dado en anteriores apariciones. La filosofía del sabio era la misma que había recibido a través de frases y visiones cuando tenía tan sólo cuatro años, así que comprendí que **todas las religiones y creencias son en realidad la misma.**

La formación de una médium

Pese a todas estas visiones, mi juventud transcurrió tranquila y feliz. Sentía que aquello para lo que me educaban como a los demás no era lo único que formaba la experiencia del vivir, aunque entonces no entendía cosas como la clarividencia, la psicometría, la percepción extrasensorial o la lectura de auras.

Después de estas experiencias que he contado, quise entrenarme para separar lo que era la percepción de los cuerpos físicos de las personas de otras cosas que veía alrededor de éstas; cosas que la gente normal parecía no ver ni escuchar. Desde el aura coloreada y las energías que me indican el estado de salud y las emociones de la persona, hasta las palabras a veces escritas sobre sus cabezas, las cuales completan la información detallada con la cual soy ayudada para poder guiar a estas personas.

La clave de toda visión que experimento desde mi más tierna infancia **es el gran poder del amor hacia las personas y el deseo de poderlas ayudar espiritualmente**.

Pronto me di cuenta de que debía entrenarme para emplear mejor mi don y ayudar a la gente, así que desarrollé una manera muy personal de tratar con las percepciones humanas, comportamientos, terapias, tanto tradicionales como innovadoras.

Nunca había sido educada por guías espirituales durante mis años de infancia, ni había tenido acceso a conocimientos del misticismo o del yoga. La fuente de mi conocimiento infantil fue completamente natural, dependía totalmente de mi intuición y sabiduría, se encontraba en mis genes y en la simple y pura devoción hacia Dios que tenían mis maravillosos padres judíos, con una larga tradición familiar de maestros espirituales, muchos de los cuales habían muerto durante el Holocausto.

Swami Vishnu

Entré en contacto con el yoga a los catorce años, cuando tuve otra visión. El sabio hindú me dijo entonces que debía vivir un determinado tipo de vida, a lo que yo le pregunté: «¿Qué tipo de vida?» Y él respondió: «Tú enseñarás mis enseñanzas. Debes vivir mis enseñanzas».

Poco después, leyendo un periódico, encontré una nota sobre un centro de yoga. Sin pensarlo más, decidí ir a tomar una clase. No conocía para nada al joven monje que había llegado a Montreal y había fundado una escuela de yoga, y fue por el destino que entré para ver de qué se trataba.

Todavía recuerdo a Swami Vishnu dando la clase con sus pantalones cortos rojos y su camiseta naranja. En la entrada reconocí una foto de Swami Vishnudevananda con otro monje mayor, y enseguida me di cuenta de que era el hombre que había visto desde pequeña. Era el anciano y santo rodeado de niños que aparecía en la imagen que había visto a los cuatro años.

Me sentí como si hubiese llegado a casa. Entré en la escuela, pero estaba tan emocionada que no hablé hasta terminar la clase. Entonces le pregunté:

—¿Quién es usted?

Aún parece que oigo a Swami contestándome:

—¿Por qué lo preguntas? ¿Quién eres tú? ¿Quién te envía?

Yo le conté la visión que había tenido y él me explicó que el hombre de la imagen era su maestro de yoga en la India, así que le terminé de explicar todas mis visiones y todo lo que me había contado.

Cuando el joven monje me explicó a qué se había dedicado su maestro en vida, comprendí inmediatamente que ése era el verdadero propósito de la mía: **ayudar a la gente a comprender que no hemos nacido para luchar en la guerra, que los niños delincuentes no nacen, sino que se hacen, y que la mayoría de nuestros comportamientos son básicamente aprendidos** aunque incluyan, por supuesto, los condicionamientos heredados, las memorias ancestrales y, cómo no, los espíritus que nos rodean, que también pueden traernos dificultades.

Con Swami Vishnu aprendí que con el yoga y otras técnicas puedes aprender a trabajar con tu campo energético de manera que las cosas exteriores no te afecten.

Mi amistad con este maestro ha sido una gran aventura para los dos y para muchas otras personas. Su misión pacífica ha inspirado a millares de personas en todo el mundo durante décadas.

He viajado por todo el mundo. Algunos de estos viajes los hice con mi maestro Swami Vishnu y me siento orgullosa de haber sido la primera en abrir un campo de yoga para niños en Val Morin, Norteamérica, en 1972. El yoga y la comunicación espiritual han sido la base de mi vida.

La llegada de Father John

La gente que me conoce suele decir que siempre he tenido una apariencia joven, pequeña e infantil, y que aún hoy la conservo. Fue por eso que, cuando me conoció, mi marido me confundió con una niña.

No obstante, en la época en que nos conocimos yo ya había recibido el reconocimiento por mi trabajo con niños en escuelas e instituciones de Quebec y estaba al mando de los programas educativos del Departamento de Psiquiatría del Hospital de Niños. En verano de 1972 había sido nombrada ministra del Movimiento Moderno Espiritual.

Fue una noche del caluroso verano de 1972 cuando conocí a John. Yo viajaba en autobús con destino a un retiro en un campamento espiritual en Estados Unidos. Un arquitecto canadiense de origen alemán había reunido a un grupo de personas para hacer un taller-seminario que consistía en conocer los milagros, variedades y formas del mediador.

A mitad del trayecto, a eso de las tres de la madrugada, el autocar paró en una cafetería. Los cuarenta pasajeros medio dormidos bajamos. Y mientras estaba sentada en la barra con Rosa Rosenstone, una segunda madre para mí, un hombre se sentó con nosotras y empezamos a hablar con él. El hombre era profesor de universidad.

No volví a verle hasta septiembre del mismo año, cuando me encontraba en Montreal, en la capilla de la YMCA, un domingo por la tarde.

Nos cruzamos en la entrada, donde él daba la bienvenida a los participantes. Cuando empezó la charla, fui presentada al público como la profesora Marilyn Zweig, especialista en educación especial, médium y experta en filosofía, metafísica y uso del yoga para terapias infantiles. Me dieron un taburete alto para que los asistentes me pudieran ver, y empecé a tratar el tema que me había llevado hasta allí.

Al final de la charla, cuando todo el mundo ya se iba, se acercó a mí aquel hombre misterioso que meses antes había conocido en el café. Me dio las gracias y me felicitó por el seminario. Me dio su tarjeta y me propuso comer juntos un día, si se daba el caso de que me encontraba cerca de su universidad.

Pasaron muchas semanas y olvidé el tema, pero un día una amiga encontró la tarjeta mientras buscaba algo en mi bolso y resultó ser justamente alumna del profesor John. ¿Coincidencia? Cuando ella se enteró de que me había propuesto que comiéramos juntos, no tardó ni un segundo en tomar el teléfono y llamar por mí y me dijo que no podía dejar escapar a ese joven brillante y guapo. ¿Cómo podía no haber aceptado su invitación? Finalmente, le llamé a la oficina y quedamos para comer.

Así fue como ocurrió y, siguiendo las predicciones que había hecho en mi niñez, John y yo nos casamos en 1974 sin haberle contado aún que era parte de nuestro destino.

Campanas de boda

Según me contó tiempo después quien llegaría a ser mi marido, no sólo estábamos unidos por esa predicción, sino que todo el universo se había confabulado para ello.

Un día, mientras él se tomaba un descanso durante la redacción de un artículo, tomó sin saber por qué un trozo de papel y empezó a escribir a mano una invitación de boda. La celebración iba a tener lugar en la catedral anglicana de Montreal, y los anunciantes de la boda eran mis padres. Sin darse cuenta había escrito la invitación de nuestra boda y ni siquiera lo habíamos hablado antes. Justo entonces sonó la campana y guardó el papel en su bolsillo para ir a recibir a las primeras personas del consejo espiritual que se celebraba en aquel momento, entre las cuales me encontraba yo.

Con el grupo hicimos ejercicios de intuición, y la novia de uno de nuestros amigos, que había demostrado ser muy intuitiva, dijo de repente mientras sacaba el papel de su bolsillo: «Mire adonde mire, oigo campanas de boda y veo, además, pedazos de un papel escrito a mano de una invitación de boda. Es todo lo que puedo decir».

En ese momento Father John se puso muy nervioso, pues llevaba el papel en el bolsillo y no podía decir nada, ya que ni siquiera lo había hablado conmigo. Impresionado, continuó con los ejercicios y sólo fue capaz de decir: «El misterio se aclarará más adelante».

Al atardecer de ese mismo día, todo el mundo se fue excepto yo, pues John me pidió que me quedara un poco más. Yo le recordé las palabras de la chica sobre la invitación de boda, y extraje el papel de su bolsillo mientras le decía que la chica tenía una gran intuición. Luego me marché a casa.

Aquella noche John se fue a la cama muy inquieto.

Al día siguiente, mientras él terminaba al fin su artículo, llamé a su puerta con un montón de papeles y catálogos en las manos, y le dije:

—He visitado todos los hoteles y he comparado los precios y costes del convite de bodas.

Así pues, John nunca me pidió en matrimonio y yo nunca acepté. Nos íbamos a casar mediante un mensaje psíquico, una lectura de una persona ajena a nosotros dos.

Las despedidas

En cuanto estuvimos casados, nos mudamos a una gran casa en el barrio de St. Antoine, en Montreal, y mi llegada estuvo cargada de sucesos impresionantes y de hermosas experiencias.

Ayudé a mi marido, mediante una cuidada dieta, a convertirse en vegetariano. Ni siquiera se dio cuenta del cambio. Yo me encargué de modificar sus hábitos alimenticios con mucha delicadeza. Le preparaba la comida de aquel modo hasta que, gradualmente, perdió el interés por comer carne sin planteárselo.

Un día, en el verano de 1974, ya casados, en que John y yo estábamos en nuestro estudio charlando sobre algo que me había ocurrido aquella mañana y que me había hecho mucha gracia, de repente me quedé en silencio y muy quieta por lo que acababa de percibir.

Le dije a mi marido que la abuela de Ann, una muy buena amiga nuestra, acababa de morir y que se encontraba allí con nosotros. Había venido a vernos para decirnos que había muerto y que anunciáramos a su nieta que estaba bien y que se despedía. También nos dijo que no se iba lejos, que siempre amó a su familia y que quería que supieran que seguiría viva.

Con cautela, John me convenció de que no era muy buena idea llamar a Ann para decirle que su abuela había muerto, así que le hice caso y, en un par de horas, nos llamó ella misma para anunciárnoslo.

Sucesos como éste se han ido repitiendo a menudo durante toda nuestra vida en común: gente que muere y nos visita durante la transición de vidas.

Otro suceso muy similar ocurrió más de dos décadas después, en 1997. Me encontraba de visita en Valencia, cuando mi hermana llamó a John para anunciarme que nuestra madre de ochenta y seis años había muerto durante la madrugada.

Mi marido se dispuso inmediatamente a enviar un fax al hotel en el que me hospedaba durante aquellos días, pero justo en aquel momento recibió por fax un mensaje mío. Se trataba de una carta que había escrito para que se la entregara a mi padre:

Querido papá:

Por favor, dime qué es lo que está sucediendo. Acabo de tener una visión de mamá vestida con un vestido de cuando era joven. Estaba muy guapa y se encontraba con los espíritus de mis abuelos, tíos y tías. Me dijo que acababa de morir, pero que se encontraba muy bien y que estaban celebrando su llegada.

En el fax yo explicaba que aquella misma carta que estaba escribiendo me había sido respondida por mi propio padre que guió mi mano:

Querida Marilyn:

Éste es un mensaje para toda la familia: acabo de morir. Pero desde aquí estaré en mejor posición de ayudar que

cuando me encontraba entre vosotros. Solía preocuparme
mucho por mi familia, ahora ya no lo haré.

Tras el telón de acero:
el oráculo de la Virgen María

Nuestra casa y nuestras vidas siempre estaban repletas de gente exótica e increíble y de grandes experiencias. Eventos con lamas tibetanos, monjes jainistas, mahasiddas hindús, médiums famosos, junto con distinguidos científicos que exploraban la frontera entre la física y la filosofía.

Toda esta actividad en Montreal durante esos tiempos abrió la mente a mucha gente. Era el inicio de nuestro matrimonio mágico, combinado con excitantes aventuras por todo el mundo: la India, España, Europa del Este, la Unión Soviética, Sudamérica, las Bahamas, el Caribe… Prácticamente todo el mundo. También visitamos al papa en Roma y al Dalái Lama en la India.

Hasídicos y cabalistas decían que fui escogida por los ángeles y por las almas espirituales para una vida de dedicación a los demás, pero sobre todo para los niños de todas las edades. Más allá de todos los fenómenos y experiencias, yo seguía siendo una niña que amaba a Dios y a mi familia.

En mi inocencia infantil, entendía que **Dios ama a todo el mundo sin importarle su origen, raza o religión**, y no podía entender el concepto de discriminación hacia otras personas. Asimismo, sí comprendí lo que Sivananda me comunicó siendo muy niña respecto al hecho de no comer carne. Lo había aceptado como algo natural y empecé a rechazar alimentos provenientes de animales que mis padres ponían sobre la mesa.

En 1998 tuve una visión que me indicaba que era necesario

que dejara mi puesto de trabajo como profesora de educación especial en el Vanier College de St. Laurent, en Quebec, y aceptara la invitación que acababa de recibir para ir a la Unión Soviética a impartir clases sobre mis conocimientos.

Fui la primera persona del oeste que estuvo en la Unión Soviética y en el este de Europa enseñando y compartiendo experiencias profesionales bajo la reforma de la Perestroika, entre 1989 y 1991.

El viaje duró dos largos años y se extendió por toda la Unión Soviética, Polonia, Checoslovaquia y otros países del Este.

Pude demostrar mi don juntamente con mi intuición para solucionar los trastornos y problemas de numerosos niños, y la monja católica y enfermera Leona Hartman, que todavía hoy vive conmigo, me acompañó durante el viaje para educar sobre las nuevas terapias a niños en instituciones psiquiátricas de la Unión Soviética y del este de Europa, de 1989 a 1991. Es miembro de la Orden Ecuménica y ha sido ordenada sacerdote en una comunidad católica libre.

Antes de emprender esta aventura, había tenido otra visión en la que aparecía la hermana Em, fallecida en 1986. La monja me daba las gracias a mí y a la madre Leona por continuar con la labor que ella misma había empezado y que había tenido que interrumpir años antes. Nos prometió protección y, cuando al cabo de unos días apareció otra vez, en esta ocasión la madre Leona estaba presente, nos comunicó que había venido con la Virgen María, que quería decirnos algo.

Todo lo que la Virgen nos comunicó aparece en el libro que publiqué en 1996, *María está hablando: ¿Quién la escucha?*,[1] el

---

1. *Mother Mary Is Speaking: Who Is Listening?*, Int'l. Inst. of Integral Human Sc., 1996.

cual contiene locuciones con la Virgen María y otros santos. Estas conversaciones se iniciaron cuando visitamos y hablamos con los visionarios de Medjugorge. Las conversaciones con la Virgen continuaron durante nuestra estancia en la Unión Soviética, Polonia, y el este de Europa, adonde viajamos para mostrar nuevas terapias para niños a psiquiatras y médicos en instituciones y hospitales.

El libro contiene asimismo numerosas predicciones hechas por gente importante en las que se nombran las fechas exactas de la caída del régimen comunista de Checoslovaquia y de la Unión Soviética.

Más tarde, junto con Leona, subimos a un tren en Viena, que nos llevaría a Checoslovaquia. A nuestra llegada prediqué a sus habitantes que en menos de dos meses serían libres, tal y como estaba sucediendo con los alemanes. Los checos no me creyeron, pues no parecía posible que eso sucediera también en su país, ya que el régimen de Husak parecía resistirse al cambio. Tal predicción se cumplió la fecha exacta en que me habían dicho los espíritus.

Por aquellas fechas yo ya había ido hacia la Unión Soviética, donde recibía mensajes de mi marido, que permaneció en Canadá. Me explicó que había recibido numerosas cartas en las que la gente de Checoslovaquia me preguntaba cómo había podido adivinar la fecha exacta de lo que iba a suceder en su país; estaban asombrados.

Muchas de las predicciones que la Virgen María nos comunicó se han cumplido hoy en día, y otras muchas tienen que suceder aún. Está todo narrado y escrito en el libro que antes he mencionado y, sobre todo, hay que tener en cuenta que muchas de las cosas que la Virgen María me contó eran privadas y no revelaciones públicas.

Pero también es cierto que muchas de las predicciones que la Virgen María nos reveló forman parte del «Plan divino» y deben suceder en el momento en que estemos preparados para **«ser una nueva humanidad en un nuevo mundo y un nuevo Cielo»**.

Por el valor y la clarividencia de esos mensajes, vamos a dedicarle todo el siguiente capítulo.

Mis niños, mis maestros

Considero que todos los niños son mis hijos. Desde muy pequeña supe que nunca iba a parirlos, así que no quise atarme a nada que me impidiera llevar a cabo mi misión.

Supe que quería ser profesora tras la visión que tuve a los cuatro años. Ahora soy terapeuta y doy clases de educación especial, aconsejando y enseñando a niños con problemas. Incorporo mis capacidades psíquicas y espirituales a mi trabajo. Enseño con intuición y muestro cómo aprender a utilizarla, y eso me ha valido muchos reconocimientos en el mundo de las terapias y la educación infantil en el que me muevo.

Soy capaz de ver y aprender muchas cosas de adultos y niños que sin mi don no sería capaz de captar.

Pero antes de poder realizar el sueño que tuve a los cuatro años, he tenido que trabajar y estudiar mucho. Soy doctora titulada en educación especial y poseo el don de saber los motivos de los problemas de conducta de los niños, así que una vez que veo a los pequeños, les envío al especialista más adecuado para curar su mal.

Soy consciente de que no soy yo quien cura o habla. Mi conocimiento viene de Dios y del mundo espiritual. También trato a trabajadores con problemas mentales y fui la primera persona en incorporar en la educación técnicas como el yoga, aunque al principio no utilizaba la palabra *yoga* por el escepticismo que demostraba la gente ante ella. Lo llamaba simplemente ejercicios de relajación, pero ya no hay problema. Ahora todo el mundo se está abriendo y entiende mejor de qué hablo. Mediante esta técnica los niños duermen y aprenden a autosanarse.

Ayuda a los niños de África

Cada año viajo a África para ayudar a mis niños con programas para pequeños con problemas físicos, mentales y de desarrollo. Trabajo para ayudar a que todos los niños puedan aprender y ser felices, sin importar su problema, porque todos pueden hacerlo. Tenemos la oportunidad de quererlos y cuidarlos y darnos cuenta de que en el mundo espiritual no existen hándicaps.

Además, en África, también imparto formación a otras personas para que sean capaces de trabajar con los niños mediante distintas técnicas. También trabajamos en la fundación, junto con mi marido y nuestros voluntarios, para conseguirles comida, zapatos, ropa… Todo lo necesario y básico para estos niños que han nacido sin nada.

Muchos de estos pequeños maestros no saben de dónde vienen: nacieron en la calle y fueron hallados en la calle. Incluso muchos de ellos mueren ahí mismo. No saben qué es una madre ni qué es un padre. Nunca han tenido una familia que no esté formada por los demás niños que sobreviven de lo que pueden encontrar o robar. Por ello existen muchas técnicas para ayudarles y es necesario que todos pongamos de nuestra parte.

Si alguien desea ayudar y obtener información, puede hacerlo a través de nuestra web www.iiihs.org, donde podrá conocer el trabajo que hacemos, así como qué cosas necesitamos, en realidad muy básicas. **Toda ayuda y oración es bienvenida**.

La primera vez que viajé a África fue con motivo de unas conferencias, y me pasaba gran parte del día en el hotel en el que me hospedaba. Cuando vi a los niños por primera vez, y digo «verles» en el sentido de que comprendí su situación, me fijé en que ni siquiera tenían comida para todos.

Ahora, después de años de trabajo, puedo decir, feliz y orgullosa, que la mayoría de los niños comen tres veces al día, tienen ropa, zapatos y pueden ir a la escuela. Algunos pequeños se acercan a mí y me dicen: «Antes me quedaba en la ventana y veía a la gente dentro. Ahora puedo entrar a los sitios, y nunca creí que eso sucedería».

En este momento estamos trabajando para que tengan la oportunidad de ingresar en el mundo y hagan algo de provecho. Incluso ya tenemos algunos que empiezan a ir al instituto y otros a la universidad.

La lección de los zapatos

Una de mis obsesiones son los zapatos. Me encantan los zapatos. En mi primer viaje a África, regresaba al hotel tras unas compras para entregar un artículo que me habían pedido del trabajo, cuando unos niños nos intentaron robar y una monja que me acompañaba sacó su rosario y empezó a rezar. Entonces los niños me pidieron dinero, pero yo les ofrecí comida, a lo que ellos me dijeron si podía comprarles también zapatos, y acepté.

Todo el mundo me dijo que no fuera con ellos, que no me fiara. Aun así me llevé a los niños a una zapatería y les compré los zapatos que querían. Al regresar al hotel, me dijeron que había hecho una tontería, que todos esos zapatos los venderían, pero a mí eso no me importó. Lo único que me importó fue ver sus caritas cuando les había dejado elegir sus zapatos.

Por supuesto, al día siguiente regresaron, y ninguno de ellos llevaba los zapatos puestos. Cuando me vieron, me dijeron que les comprara más zapatos y yo les dije que ya se los había comprado el día anterior, que dónde estaban. Entonces se miraron entre ellos y me dijeron: «Confiamos en ti. Síguenos, te enseñaremos dónde están».

Cualquiera me habría tomado por loca por seguir a un grupo de niños sin saber adónde me llevaban, sobre todo teniendo en cuenta que tengo una orientación horrible —en el mundo espiritual sé moverme, pero en la Tierra…—. Llegamos a un lugar lleno de montañas y montañas de basura, y en medio de aquel páramo desolado vivían esos niños; algunos de ellos eran mucho más pequeños que los que me habían conducido hasta allí.

Los pequeños señalaron hacia los demás y dijeron: «Ahí los tienes». Entonces me di cuenta; algunos de los más pequeños iban calzados con los zapatos que les había comprado a los mayores el día anterior. Uno de los niños me miró y dijo: «Como aún no saben pedir ni robar, ellos tienen los zapatos».

Eso me tocó de lleno en el corazón. Los niños les habían regalado sus zapatos a otros porque éstos eran incapaces de conseguirlos por sí mismos. Cuidaban unos de otros sin importar que ellos tampoco tuvieran calzado ni nada que llevarse a la boca.

¿Quiénes somos nosotros para juzgar que estos niños roben?

Así que regresé al hotel y pedí dinero a todos los blancos que me encontré para comprarles más zapatos. Cuando regresé al año siguiente, llevé cientos de zapatos y grandes cantidades de ropa para todos ellos.

De mis pequeños maestros he aprendido que todos los niños responden al cariño, no importa su condición ni por lo que hayan pasado; responden al amor porque son puro amor.

Ahora ya tenemos cuatro niños que van a empezar a ir a la universidad. Siento que **Dios los ha escogido para que den fuerza y coraje a los demás**.

Pequeños gurús

Durante los últimos catorce años he pasado un mes de cada año en África.

Todos mis niños en África me llaman tía. Uno de ellos me detuvo un día y me dijo: «Hola, me llamo George. ¿Quieres que te cuente cómo me quedé ciego?» Por supuesto, yo me quedé callada y esperé su relato. Entonces continuó: «Antes yo dormía en la calle, y un día vino un niño y me disparó en la cara con una pistola de aire comprimido, de manera que me saltó un ojo. Me llevaron de inmediato al hospital, pero cuando trataron de salvarlo, el mal pasó al otro ojo y me quedé ciego».

De repente, George tomó mis manos y dijo: «No tengas pena por mí, estoy encantado de ser ciego». A lo que yo le dije que le entendía, pero entonces él gritó: «¡No, no lo entiendes! Cuando tenía ojos podía ver, pero vivía en la calle, nunca había dormido en una cama y tenía que robar para comer. Pero desde que soy ciego vivo aquí, tengo una cama y me dan de comer tres veces al día. Soy feliz por lo que me ocurrió».

En yoga hablamos de los gurús —quienes te quitan la oscuridad—, y estos pequeños son los míos.

Mis niños, benditos sean. Cada vez que voy a África llevo mucha ropa, zapatos, libros, todo lo que puedo. Y en lugar de pelearse o intentar conseguir las cosas para sí mismos, los niños esperan en fila, te dan las gracias y toman las dos o tres cosas que les has dado, y cuando las tienen, las miran y dicen: «No necesitamos tanto, vamos a dárselo a otro».

Hay lugares donde no tienen comida ni agua potable, donde los niños están muy mal físicamente, tan mal que a muchos los ves en el suelo, sin poder moverse, así que se la llevamos. Pero, extraordinariamente, cuando les das comida, muchas veces, a pesar de estar desnutridos, famélicos y agotados, alargan la mano para ofrecerles su comida a otros que están peor que ellos o que son más pequeños.

A pesar de todo por lo que han pasado, de haber sido abandonados y criarse en las calles, sin familia, despreciados por los adultos, crecen con el sentimiento de ayudar a otros, pues **los niños tienen una conexión directa con lo espiritual**.

Recuerdo una niña que era inmensamente feliz porque tenía un zapato; no le importaba en absoluto que le faltara el otro, lo importante era aquel zapatito que sujetaba entre sus manos.

Cuando encontramos a estos niños llevaban cuchillos en los pantalones para defenderse y no tenían apenas nada. Así que después de vestirlos, calzarlos y alimentarlos, decidí darles un capricho y los llevé a un restaurante como mi padre hacía a veces conmigo cuando era niña.

Todos me siguieron muy emocionados y uno de ellos se quedó pegado a la ventana del local, mirando a los comensales, y me dijo: «He pasado mucho tiempo aquí, esperando a que salga la gente para pedirles dinero y comida, pero ahora puedo entrar como una persona más».

Madre Teresa de Calcuta

Durante algunos años, en mis viajes a la India trabajé con la Madre Teresa, una mujer muy fuerte a pesar de ser casi tan pequeñita como yo. Ella me emocionó con su trabajo y su valentía, pues nunca se dejó detener por nada ni nadie.

Con ella nos levantábamos a las dos de la mañana y salíamos del convento para ver la situación. Allí se congregaban toda clase de mujeres con sus hijos en brazos, rogando a las monjas que los aceptaran, y éstas los sujetaban entre sus brazos ante la mirada agradecida de las madres.

Yo me sobresalté ante esa visión, pero ella me dijo: «Las madres quieren tanto a sus hijos que nos los traen porque no pueden cuidarlos». Entonces se acercaba a ellas y, tomando a un bebé, decía: «No sois malas, queréis a vuestros hijos, pero no podéis encargaros de ellos, por eso los traéis aquí, para que tengan una oportunidad».

Después de trabajar más de una hora en aquella triste situación, nos dirigíamos a un lugar donde la esperanza parecía perdida, pero los movimientos que detectábamos entre los restos y papeles nos demostraban que no siempre era así. En una zona de contenedores, algunas mujeres abandonaban a sus bebés. El cincuenta por ciento de esos pequeños morían en los brazos de las monjas por hipotermia, desnutrición o alguna enfermedad.

Cuando los pequeños morían, las monjas los acunaban y les decían: «Qué guapo eres, eres perfecto tal cual eres».

Todos los niños que he visto crecer entre las monjas son felices, y muchos de ellos ya son adultos fuertes y sanos; esta misma alegría la he podido sentir con mis pequeños de África.

Almas perfectas

En África tengo miles de niños, pero trabajo muy de cerca con cinco en concreto. Es un privilegio muy especial estar con ellos, conocer sus historias, quererles y ayudarles. Muchos de ellos son muy felices porque sienten el amor y aprecian cualquier cosa que les llega.

Un día, estos niños maravillosos nos llevarán a la transformación. Tenemos la oportunidad de saltar de un tipo de consciencia a otro. Habrá un momento en nuestras vidas en que si alguien intenta disparar, las pistolas no podrán funcionar, muy pronto habrá un momento en el que llegará la paz.

He tenido muchos maestros espirituales: mi querido Swami Vishnu, quien me enseñó yoga; la Madre Teresa, quien me inició en el mundo de los niños abandonados; mi estimada Mamie Brown, de quien he continuado su trabajo como médium; el Dalái Lama, a quien conocí por primera vez en Canadá gracias a mi marido… Pero **mis más grandes maestros son mis pequeños**.

Estos niños se sacrifican viniendo a la Tierra en estas circunstancias. Y ¿por qué lo hacen? Para ofrecernos la oportunidad de amar de corazón, sin barreras, sin prejuicios, para que nos demos cuenta de que sus espíritus son puros a pesar de todo.

Ellos son mis maestros. Son santos. **Gracias a los niños me di cuenta de que todo el mundo, sin importar su enfermedad, es un espíritu perfecto**. Ya no veo enfermos, sino almas perfectas llenas de amor.

Encuentros y predicciones

No recuerdo los países que he visitado, seguro que son más de cien. De lo que sí me acuerdo es de las gentes que he visto en ellos. Personas que acuden a mí porque quieren esperanza, porque han perdido la fe, porque necesitan amor, porque sienten pena, porque se han quedado sin un ser querido…

Son ricos y pobres, jóvenes y viejos, hombres y mujeres, de todas las razas. A todos los reconforto con la idea de que hay un espíritu que está por igual en todos ellos. A todos les enseño que **hemos venido a la Tierra para servir, amar, dar, purificar, para ser conscientes de que todo esto es el auténtico mensaje del creador**. Podemos ayudar de muchas maneras a todos los que sufren, a los que se sienten abandonados, violados, ultrajados…

Estudio el vocabulario con el que se siente cómodo cada grupo: religioso, académico, cultural… Y transmito el mensaje en su lenguaje, de manera que me puedan entender. Porque en realidad siempre es lo mismo, sea médium o intuitiva, no importa cómo me llega el mensaje, sino el contenido.

Doy gracias al cielo por haberme dado cuenta y tener la fortaleza interna para aceptar mis experiencias psíquicas como algo real, sin importar quién se ría de mí. Siempre he sentido que lo que me sucede es un don de Dios o del inconsciente colectivo. Todos nacemos con estas habilidades —el peldaño entre religión, ciencia, educación y psicología para llegar a comprender el mundo es el espíritu—. Son experiencias sensoriales de nuestro propio ser, no son extrasensoriales, pero nuestra educación acaba por asfixiarlas y eliminarlas.

Junto a mi marido he enseñado experiencias psíquicas, interpretación de sueños y la comprensión de la muerte. Intento instalar las experiencias psíquicas en el día a día como parte de un proceso creativo. Enseño a la gente a entrar en un estado interno alterado, relajado y creativo, a aprender de los guías espirituales y a reconocerlos por su energía y frecuencia. Mis alumnos aprenden cómo atraerlos para inspirarnos.

¿Qué hay después de la muerte?

La gente que viene a mis conferencias busca aliento y seguridad en sí misma. El ochenta por ciento son profesionales del mundo de los negocios o de la educación. Muchos han tenido experiencias psíquicas y quieren tener la certeza de que no se han vuelto locos por tener visiones o escuchar cosas.

Casi todos los que vienen a mí quieren creer, pero a los que no creen les digo que **yo no puedo probar nada aunque sí tengo mucho que compartir. Estamos al borde de una segunda revolución copernicana donde la gente conocerá el mundo espiritual gracias a sus propias experiencias interiores**.

El mayor miedo de los humanos es desconocer qué hay después de la muerte, no saben qué les va a ocurrir. Hay que hacerles entender que **la muerte es un simple cambio de estado, en el que nos quitamos nuestro cuerpo igual que un abrigo para se-**

guir en otra vida. Cuando se comprende que la vida es eterna, deja de tener sentido matar por dinero, pisar a los demás por poder, o aniquilar a otros por raza, lengua o religión.

Muchos psíquicos son tomados por psicóticos, hecho que el doctor Howard Eisenberg ha estudiado con distintos pacientes y con su propia capacidad telepática. La gente necesita conocer el sentido de la vida porque el día a día no les da la respuesta.

Muchos me preguntan por la vida más allá de la muerte, quieren que les dé valor para enfrentarse a ese paso. Otros me preguntan por personas que conocían y han fallecido. Yo les ayudo a encontrar lo que buscan.

La gente se ha abierto mucho a todo esto, ya no ocultan su interés, y cada vez hay más personas que experimentan estas sensaciones porque, al fin y al cabo, es algo natural. Además, hay muchas formas de contactar; no sólo podemos ver el mundo espiritual o tener premoniciones, sino también oír cosas, tener visiones o entrar en trance.

Caminar sobre el fuego

Entre las experiencias místicas y espirituales que reúno, hay una en particular que me ha marcado y me ha enseñado mucho sobre el fenómeno cuerpo-mente-espíritu.

He caminado sobre brasas. Primero lo intenté en Val-Morin y lo conseguí por primera vez en el muro de Berlín, para después volver a hacerlo en la India y en España. Es posible caminar sobre el fuego tras una alteración de la conciencia conseguida a través de tres días de meditación y oración. Esto me ha dado la convicción de que los seres humanos somos mucho más que cuerpos físicos, porque el cuerpo no sale dañado de la experiencia. Puedes quemarte, sí, pero sólo si no vas preparado mental y espiritualmente.

Cuando alguien se acerca a mí, soy capaz de ver sus inseguridades, sus decepciones, sus planes y sueños con un sólo vistazo. Veo qué pasa en su vida, qué está por pasar y cómo. Ayudo a las personas a entender que son responsables de sus decisiones y a no ser dependientes de nadie.

Nací como médium y vivo como tal. He combinado mi vida académica con mis dones espirituales. Recuerdo que antes, cuando la gente me veía y escuchaba, pensaban que era muy diferente, un bicho raro. Ahora piensan que soy diferente, pero me entienden mejor, al menos los fenómenos psíquicos son comunes en todas partes.

Utilizo la intuición como herramienta y enseño a los demás a utilizarla para resolver problemas en clase y en casa.

Yo no creo que tenga una percepción extrasensorial, sino que la mayoría de los humanos son sólo conscientes de cinco sentidos. Sin embargo, también contamos con el sexto, un sentido igual de natural que los demás, aunque todavía no esté desarrollado en muchos. Creo que algunas personas han nacido como yo, conscientes de él, pero que todos pueden aprender a desarrollarlo.

Edgar Cayce y Carl Jung

Existen maestros espirituales e influencias de otros reinos que nos acompañan en la Tierra, nos demos cuenta de ellos o no. Tanto Edgar Cayce como Carl Jung se refirieron a ese inconsciente colectivo.

Edgar Cayce fue un vidente y psíquico estadounidense que poseía facultades de clarividencia y percepción extrasensorial. Entraba en trance hipnótico durante sus conferencias, además de ser un gran investigador de la reencarnación y de las vidas pasadas.

Por su parte, Carl Gustav Jung, médico, psiquiatra, psicólogo y autor de numerosas teorías, fue quien enfatizó la conexión funcional entre la estructura de la psique y la de sus manifestaciones culturales, con métodos que estudiaban los sueños, el arte, la mitología, la antropología, la religión y la filosofía del individuo como parte de su psique. Su contribución en el análisis de los sueños fue muy influyente, aunque centró su trabajo en la psicología y la práctica clínica.

El inconsciente colectivo es un concepto básico de la teoría desarrollada por Carl Gustav Jung y acuñada por otros pensadores de su época, según la cual existe un lenguaje simbólico común a los seres humanos de todos los tiempos y lugares del mundo. Estos símbolos primitivos o arquetipos expresan el contenido de la psique más allá de nuestra parte racional.

En palabras de Jung: **«La vida se me ha aparecido siempre como una planta que vive de su rizoma. Su propia vida no es perceptible, se esconde en el rizoma. Lo que es visible sobre la tierra dura sólo un verano. Luego se marchita. Es un fenómeno efímero. Si se medita el infinito devenir y perecer de la vida y de las culturas se recibe la impresión de la nada absoluta; pero yo no he perdido nunca el sentimiento de que algo vive y permanece bajo el eterno cambio. Lo que se ve es la flor, y ésta perece. El rizoma permanece».**

Pero antes de ser capaces de percibirlo, es necesario saber controlarse uno mismo para capitanear tu propio barco. Por eso es tan importante el yoga, la meditación, el taichi o la práctica de la oración.

Mi guía Daisy

En una ocasión conocí a una pequeña niña india angelical llamada Daisy que fue mi guía y que me dice claramente lo que muchos espíritus expresan.

Ella puede mirar a una persona y saber quiénes le rodean y quiénes no están presentes, y yo hablo como intermediaria. Muchos cristianos lo hacen, pero dicen hablar en nombre de Jesús, y en lugar de ver tu aura, dicen ver el espíritu sagrado, que es lo mismo.

Daisy es el espíritu guía que me acompaña desde pequeña. No tiene cuerpo físico —en realidad todos somos espíritus, pero en cuerpos físicos con mente; los espíritus sin cuerpo tienen la habilidad de mostrarse con la edad que deseen, aunque pasen siglos en el mundo espiritual—; es un alma muy sabia y antigua que murió como niña india norteamericana en su última vida.

Las consultas

Regularmente doy consejos a desconocidos que acuden a mí. Les facilito nombres, fechas y descripciones de personas vivas y muertas que para ellos son importantes. También he hecho predicciones con todo detalle de sucesos a nivel mundial. En ocasiones he sido utilizada como instrumento humano para curaciones entre el Espíritu Santo y gente con discapacidades.

Ocupo mi vida y aprovecho mi energía dando amor a aquellos que están necesitados, con el deseo de que esta generosidad sea contagiosa para los demás y que mis consejos sean empleados para transmitir amor mediante el don que Dios nos ha dado.

Mi vida ha demostrado que se puede vivir y oír el eterno mensaje de la Divina Compasión, que en la vida hay mucho por vivir más allá de las cosas materiales que normalmente percibimos. **Mi mensaje consiste en enseñar que existe vida después de la muerte y que podemos comunicarnos con las personas fallecidas para darnos cuenta de que no han muerto, pues siguen viviendo en el Cielo.** Que todas las personas, ya sean de diferente edad, raza, religión o nación, son amadas por un mismo Dios.

El término que se utiliza para describir el don con el que nací depende de la creencia de cada uno. Los científicos comunes y doctores que estuvieron interesados en él lo llamaron *intuición*. Otros investigadores de psiquiatría lo llamaron *sensibilidad psíquica*. Los swamis de la India llaman a quien lo posee Mahasiddah o «Gran alma espiritual». Los místicos de Occidente, *médium, clairvoyant excepcional* o *médium con un gran don*. En el Caribe han llegado a nombrarme *profeta* y *la mujer de Dios*. Soy también una *cabalista universal* —traducción estricta del hebreo— según la tradición mística judía, algo que depende de mi nacimiento y linaje.

La época de la transmutación

Mucha gente no cree en este mundo. Yo procedo del ámbito académico, en concreto de la universidad, y mi trabajo me ha permitido formar a profesores, discapacitados y visitar frecuentemente África durante los últimos catorce años. Si no crees y eres feliz, perfecto, yo no tengo que convencer a nadie de nada, pero **aunque no creas, aunque no sientas, cuando te ocurra algo o te estés muriendo, acabarás diciendo: «Dios ayúdame».**

Para mí, Jesús es un gran maestro que me ha acompañado desde niña. Es uno de los grandes maestros que hemos tenido en la Tierra, y yo tuve la bendición de recibir su visita en distintas ocasiones. Le vi, oí y recibí sus enseñanzas de amor, las cuales son la respuesta a nuestras preguntas. Yo las he interiorizado para poder mostrarlas a los demás.

Jesús nos dijo: **«Amaos los unos a los otros»**. Me casé con un sacerdote anglicano con quien viví treinta y ocho años un matrimonio feliz, y nuestras creencias nunca fueron un inconveniente, sino más bien al contrario, un aliciente de crecimiento y de apoyo mutuo.

El mundo espiritual está lleno de amor, luz y alegría. **Los espíritus están ahí para ayudarnos, y nosotros necesitamos invitarlos y pedirles su ayuda.** Hemos de aprender sobre los guías, sobre el aura, a saber cuándo nos están ayudando… No es verdad que si no recibes mensajes es porque no tienes un buen aura: todos tenemos un buen aura, pero puede que no quieras escuchar, que tengas miedo, que te cierres en banda.

Lo que vivo peor como médium es cuando veo algo potencialmente peligroso para alguien y no me escucha. Lo he comprobado desde niña: les explico que si hacen determinada cosa pueden tener una desgracia, pero no puedo obligarles a hacerme caso.

Vienen a mí por muchas razones, pero sea cual sea la razón externa, llegan a mí porque **todos tenemos un contrato, una misión, y la mía es enseñar**. Mis niños en África nacieron en esa situación por un contrato, y a pesar de que puedan robar porque tienen hambre, o de que puedan nacer con enfermedades o problemas físicos, sus almas son perfectas. Dios no castiga, **la guerra y el sufrimiento no es cosa de Dios, sino nuestra, porque nos hemos apartado de la luz. Existe un reino de luz y de consciencia y podemos acceder a él.**

En todas las culturas es sabido que la verdadera guerra no es entre las personas, sino entre la verdad y la mentira, entre la luz y la oscuridad… **Estamos en una época de transmutación**.

Enseñar a morir

Uno de mis cometidos es enseñar a morir, a no temer a la muerte, a cambiar las frecuencias para ver que no estamos solos, sino rodeados de amor. En este aspecto me sentí muy unida a mi amiga Elisabeth Kübler-Ross. Éramos muy cercanas y siempre admiré su trabajo sobre las fases del duelo y la pérdida, y el viaje de la muerte. Elisabeth estuvo presente en muchas de nuestras conferencias y cursos, y compartió conmigo mucha de su sabiduría.

Para mí es un auténtico placer y privilegio estar entre los dos mundos para transmitir los mensajes de los maestros y seres queridos que nos rodean.

Toda mi vida he sido portadora de mensajes de personas fallecidas que han podido así explicar cómo han muerto y qué es lo que les ha pasado a posteriori. Mucha gente que no creía en Dios ha cambiado de opinión después de conocerme.

Durante nuestras charlas y conferencias siempre aviso de que es muy posible que no todo el mundo reciba un mensaje individual, pero que con uno o dos, todos nos sentiremos mejor, pues esto permite que nuestros guías se acerquen, y que nosotros mismos nos sintamos más esperanzados y abiertos a la oportunidad.

Aquellos que reciben sus propios mensajes cambian de cara, se llenan de alegría porque sienten la de aquellos que hablan. Es indispensable pasar el periodo de luto, pero también hay que comprender que aquellos que se van siguen adelante con su trabajo. Al otro lado hay casas y hospitales espirituales. Cuando nos damos cuenta de que es nuestro momento, nos movemos a otro nivel de conciencia donde la energía se mueve muy deprisa y por ello es más fácil para cada uno de nosotros establecer ese contacto con nuestros guías espirituales.

El bebé mariposa

Son muchas las historias hermosas y anécdotas que puedo contar sobre mis viajes, y una en concreto me llegó al corazón.

En una ocasión me encontraba de viaje por motivo de unas charlas en Pamplona y, mientras daba un paseo, unas personas se acercaron a mí y me dijeron que me estaban llamando del hospital, que había un bebé muy enfermo y que sus padres preguntaban si podría ir a verlo.

Una hora más tarde, me llevaron hasta el bebé hospitalizado. El pequeño había nacido con una extraña enfermedad genética llamada mariposa. Quienes la sufren nacen con unas marcas en forma de mariposas por todo el cuerpo, cosa que provoca que la piel se desprenda de él, y este bebé tenía toda la piel de la cabeza levantada.

Existen varios niveles de gravedad de esta misma enfermedad, y el pequeño había nacido con la más severa, sin estómago y poco intestino, de manera que lo alimentaban a través de un tubo con agua y azúcar. El bebé tenía sólo ocho meses y medio y era muy pequeño cuando lo vi.

Los padres quisieron mostrármelo y yo luego recé con ellos y llevé a cabo una técnica para que el alma saliera del cuerpo, pues el proceso ya había empezado, pero le estaba costando mucho a causa del dolor físico y de la tristeza de sus padres.

Pedí a los padres vernos al día siguiente y, cuando me lo trajeron, el pequeño estaba atragantado, señal de que ya estaba listo para marcharse.

Esa misma noche, mientras daba mi paseo de rigor, recibí una llamada. Eran los padres del bebé, quienes me llamaban para decirme que el pequeño estaba a punto de morir y me pedían que fuera al hospital.

He trabajado con personas y niños al borde de la muerte y nunca me había pasado nada igual. El padre vino a buscarme y me llevó junto a la madre, que acunaba entre sus brazos al bebé moribundo mientras le decía: «Querido, sé a dónde vas. Te quiero, te vamos a extrañar, pero queremos que seas libre».

Entonces empezaron a unírsenos las enfermeras y médicos. Todos permanecimos alrededor de la madre y el niño orando por él, ofreciendo nuestro apoyo, hasta que vi cómo el espíritu salía del cuerpecito y dije a mis amigos, así como al personal del hospital, que les dejáramos a solas para despedirse en privado.

Sólo quedaron allí el padre y la madre, abrazando a su bebé y diciéndole cuánto le querían y que nunca le olvidarían, dejándole marchar.

Regresé a mi habitación del hotel y, cuando dieron las dos en punto de la madrugada, una mariposa viva se coló por mi ventana. De pronto supe que al fin el espíritu del bebé había dejado el cuerpo. Al día siguiente fueron sus padres quienes me visitaron, me dieron las gracias y me dijeron que su hijo por fin era libre «como una mariposa».

La misión de los que ya no están

Los espíritus se muestran de formas muy distintas. Imagina lo que les supuso organizar que una mariposa entrara por la ventana para darme aquel hermoso mensaje. Cuando sea nuestro momento, querremos volver y dar señales, y las señales llegan de formas muy distintas: luz, color, sensación, sonido…

Alguien que nos llama cuando no hay nadie, un aroma que asociamos a alguien que ya no está… Cuando venimos a este mundo lo hacemos con un propósito. Los guías espirituales nos dicen que todo estaba planeado, porque antes de venir elegimos nuestras familias, cultura y oportunidades, como si hubiéramos firmado un contrato.

No vivimos solos, sino con nuestros seres queridos, maestros y guías rodeándonos y cuidando de nosotros desde el día de nuestro nacimiento. Todos nos hacemos la pregunta de por qué estoy aquí y vivo de la manera que lo hago: ¿Me dedico a lo que debería? ¿Sigo mi camino?

Una voz celestial nos dice que no perdamos un solo instante en nuestra vida. No importa lo que digan o hagan los demás, mientras seamos honrados con nosotros mismos y con los demás todo irá bien, porque cuando vayamos al otro lado nos veremos las caras con nosotros mismos.

Nueva vida tras un accidente

En una ocasión vi a una niña que había muerto en un terrible accidente junto con sus abuelos y hermanos. La pequeña me dijo que quería que sus padres supieran que estaba bien y que, para demostrárselo, les había traído un nuevo bebé que nacería en un día relacionado con su propia muerte. Sin embargo, sus padres estaban tan traumatizados que no querían escuchar y al nuevo bebé le costaba llegar.

Aun así, les di el mensaje y un mes después los padres vinieron para decirme que efectivamente estaban esperando un bebé. El pequeño nació justo el día después de la muerte de su hija. Sus padres se sintieron tan felices al saber por fin que sus seres queridos estaban bien al otro lado, al comprender que su nuevo hijo era un regalo para que supieran que les querían y esperaban en otro mundo, que vinieron a verme y como agradecimiento me regalaron el iPad que siempre llevo encima, ya que no puedo cargar con un ordenador.

De la confusión y el caos a una nueva era

Hay historias muy hermosas y esperanzadoras, pero también otras tristes y que nos dejan un mensaje muy claro. Me resulta desolador escuchar las voces de aquellos que se han suicidado y que me dicen: «Yo no quería hacer daño a nadie. Si hubiera sabido esto, habría vivido. Lo siento mucho».

Mucha gente se suicida porque ha perdido la esperanza, porque tiene miedo, porque sufre un brote psicótico después de haber tomado drogas…

Desde la revolución copernicana nunca hemos tenido tantas oportunidades de transformación como ahora. La confusión va a seguir durante un tiempo, pero **debemos recordar que la palabra «caos» significa cambio**. Desde esta situación confusa la gente se suicida, se droga, se deprime… Vemos niños que nacen con extrañas enfermedades y sabemos de historias ocultas que están saliendo a la luz.

Todo está ocurriendo en este preciso momento por un motivo muy concreto, y viviremos cada vez más cambios, y aunque lo cierto es que ya empezamos a salir de ahí, estamos pasando de una era difícil y con muchas dudas, a una de luz y verdad. Tenemos que aguantar sólo un poco más, porque estamos a punto de entrar en un periodo de profundos cambios espirituales.

En su día profeticé lo que ocurriría con el muro de Berlín, con la economía, con el oro… Ahora profetizo el cambio que va a suceder durante los próximos años —de hecho, ya está teniendo lugar—, así como el crack informático mundial que llegará en uno o dos años.

Más pronto que tarde, todo el sistema va a cambiar y los patrones establecidos caerán.

Una predicción presidencial en la India

Vamos a viajar en el tiempo para revisar algunos de los acontecimientos que viví. En 1975 Swami Vishnudevananda nos propuso a mi marido y a mí ayudarle a organizar varios eventos en el Nuevo Instituto Internacional. Tales eventos consistían en llamar la atención sobre la relevancia del yoga en la religión y ciencias contemporáneas. De modo que le ayudamos a encontrar e invitar a personas que hacían lecturas en nuestro instituto o en diversos centros de otros países.

Había por aquel entonces un importante incremento del interés por las facultades psíquicas y las experiencias después de la muerte, y a los eventos acudían personas que sentían la necesidad de búsqueda de este tipo de experiencias.

Swami quiso satisfacer tal demanda trasladando los eventos a otros países. Además, quería que le acompañara para demostrar al público asistente a las conferencias que tenía un don que me permitía, no sólo saber cosas sobre el pasado y el futuro, sino también sobre personas fallecidas. Era capaz de explicar y contar cosas de una forma que resultara cercana y comprensible para la gente. Así que acompañé a Swami por todo el mundo.

Gran multitud de gente fue a vernos en nuestra visita a la India. Conocimos al gobernador de Karnataka y estuvimos en su jardín privado junto con el primer ministro Moraji Desai. En esa época, Indira Gandhi acababa de perder las elecciones y la prensa me preguntó cómo veía el futuro político de la India.

Era el año 1977 y respondí que en un par de años Indira volvería y se convertiría en primera ministra, y aconsejé que no la descartaran demasiado rápido por haber perdido esta vez.

La prensa se rió de tal predicción, pero dos años más tarde, en 1979, se cumplieron las palabras de los espíritus. A partir de entonces, maharajás, médicos y jefes de Estado y del gobierno quisieron reunirse conmigo en privado.

Nassau

En una ocasión en la que nos encontrábamos en Nassau, Bahamas, el público quiso oír algún ejemplo de mi don para la predicción y me pidieron que hiciera alguna a corto plazo. Sin pensarlo demasiado, dije que en breve la familia real inglesa se vería afectada por un accidente ecuestre que no resultaría ser grave. También dije que a las Bahamas se le ofrecería muy pronto vías para desarrollar sus propias fuentes y ser menos dependientes del turismo. Tales predicciones sorprendieron al público.

El cabo de dos días apareció en el periódico la noticia de que la princesa Ana había sufrido un pequeño accidente mientras montaba a caballo. A los tres días el periódico daba la noticia de que la primera ministra india Indira Gandhi había ofrecido al primer ministro Pindling técnicos indios para abordar el problema de los recursos naturales de la zona a cambio de algunos de sus educadores.

En otra ocasión en la que nos encontrábamos de nuevo en Nassau, en una de nuestras conferencias sobre yoga como conferencia de paz, conocimos al brigadier Michael Harbottle, cofundador de la OTAN y general para la paz.

Después de comer, Swami nos sugirió al brigadier Michael Harbottle, a su esposa y a mí que deberíamos reunirnos en la sala de meditación para que yo tuviera la ocasión de darles algunas impresiones que tenía acerca de cómo iba el mundo, pues era la época delicada en la que gobernaba Reagan.

En la reunión, tuve una visión y empecé a hablar: «Veo una escena muy clara delante de mí. Se ha firmado un tratado de reducción de armas. Hay representantes de la Unión Soviética y de Estados Unidos. ¡Hay incluso algún tipo de cooperación! Esto sucederá en un par de años, en 1986 o 1987. Veo que Estados Unidos y la Unión Soviética van a colaborar estrechamente y serán amigos. No habrá Tercera Guerra Mundial».

Gracias a nuestra charla, el brigadier Michael Harbottle abandonó la habitación más animado y optimista.

La predicción felizmente se cumplió.

El accidente aéreo

Mi primera visita a España se produjo tras profetizar el terrible accidente aéreo de Los Rodeos ocurrido en las Canarias. Mientras me encontraba en el Campo de Yoga de Quebec, predije que en abril tendría lugar el accidente aéreo más importante de toda la historia. A pesar de ello nadie hizo nada por remediarlo.

Lo único que pude hacer fue rezar, porque tenía el convencimiento de que era muy real y, al mismo tiempo, sabía que no convencería a nadie para prevenir el vuelo.

Las profecías son una cosa, e influir sobre el futuro otra

La pregunta es: ¿por qué ocurren esta clase de accidentes? Y ¿por qué no podemos detenerlos?

La respuesta es muy simple: **cuando venimos al mundo, nacemos ya con unas respiraciones contadas y cuando éstas se acaban, se terminó**. Quienes se van en un accidente son personas que se tenían que ir.

Un milagro en la India

Nuevamente en la India, durante una fiesta de celebridades a la que me habían invitado, sucedió algo extraordinario. Al llegar, saludé a las personas que se encontraban en la entrada y entonces el timbre sonó.

Como era la que estaba más cerca de la puerta, acudí a abrirla. Mi sorpresa fue que al otro lado se encontraba una hermosa niña de ojos grandes y mirada triste. La hice entrar y la calmé, pues parecía asustada.

Presenté a la niña a los demás asistentes de la fiesta, pero la rechazaron de inmediato, pues dijeron que era una simple cría pobre que no pintaba nada ahí. Yo calmé a la pequeña diciéndole que no se preocupara, que yo la protegería. Y, de repente, de la cabeza de la niña empezó a salir un aura luminosa que iba creciendo cada vez más, dando luz a toda la sala.

La gente no podía creer lo que veía. Algunos intentaron incluso escapar.

Cuando la luz empezó a volverse más tenue y los ojos de la gente pudieron ver la imagen que tenían delante, no daban crédito. Cristo, con la misma mirada que la de la niña, había descendido de los Cielos y traía el siguiente mensaje: **«Cualquier cosa que hagas con estos pequeños la estás haciendo conmigo. ¡Muchos son llamados, pocos los elegidos!»**

Una predicción papal

Una tarde estábamos en casa de mi tía en Massachusetts y de repente dije que había visto al papa Pablo VI sentado en su escritorio escribiendo una carta al cardenal que quería que fuera su sucesor, pero que ese cardenal no sería el próximo Papa de Roma.

Más tarde, en otra visión, dije que ya veía al nuevo Papa y que éste era más robusto y joven que Pablo VI, rubio y con cara redonda. Mis palabras fueron: «Es fuerte. Será como Gregorio VII, porque hará un intento por restaurar las políticas sociales de la Iglesia». Esto sucedió hacia el año 1978.

Años más tarde, nos enteramos de que efectivamente el papa Pablo VI había escrito una carta a un cardenal poco antes de morir. Un cardenal que había creído que podría ser un buen sucesor, aunque sabemos que finalmente no lo fue. En esa época los periódicos me preguntaban sobre mis predicciones. Mientras estábamos en el este de Estados Unidos, un diario me entrevistó preguntándome sobre el sucesor del Papa, y yo les conté lo que había visto. Pero antes de publicarse el artículo, el Papa murió y poco después los cardenales escogieron a Juan Pablo I, un hombre mayor y frágil con una agradable sonrisa que no encajaba para nada con la descripción que yo había dado, así que el periódico no quiso publicar el artículo.

De repente, un mes más tarde, Juan Pablo I murió y tuvo que sucederle Juan Pablo II, quien sí correspondía con la descripción de los espíritus. Durante su cargo como Papa, Juan Pablo II fue comparado muchas veces con Gregorio VII por su labor.

Yo amaba y admiraba al papa Juan Pablo II como al gran hombre sagrado que fue en la Tierra. Uno de los mayores eventos de mi vida fue cuando le conocí en persona y me santificó. Sucedió durante un encuentro privado en la primavera de 1990, después del primer año en que estuve en los países del Este impartiendo clases.

Aunque nunca he sido católica, siempre he apreciado mucho los orígenes supernaturales de la fe católica y reconozco que para la Iglesia Católica es muy importante mantener vivas las antiguas tradiciones de los encuentros espirituales con el Cielo.

La visión de una nueva Iglesia

Hace años predije lo que Father John denominó «la llegada de la muerte y resurrección de la Iglesia… y prácticamente todo lo demás».

Tuve una terrible visión en la que me encontraba de pie en una cripta en el Vaticano; había unas estatuas de papas fallecidos a mi alrededor. De repente, se produjo un terremoto y las cabezas de las estatuas rodaron por el suelo. El terremoto se volvió más virulento, yo miraba hacia arriba y vi que el altar estaba a punto de desplomarse. Todo el edificio se vino abajo.

Al cabo de un par de semanas sucedió algo que relacionamos directamente con la visión.

Un viernes por la tarde, John y yo estábamos despidiéndonos de la gente que aún quedaba en la clase y, entre ellos, estaba nuestro amigo Víctor, un médium ciego muy dotado de noventa y ocho años, quien nos comentó que quería contarnos una visión muy impresionante que había tenido.

Nos fuimos a un lado con él y relató: «Me encontraba en una capilla de la iglesia de San Pedro en el Vaticano, donde están enterrados todos los cuerpos de los papas fallecidos. De repente, sentí un fuerte terremoto. Las tumbas se abrieron y salieron los restos de los cuerpos rodando por los suelos. Miré hacia arriba y el altar se estaba rompiendo».

John y yo nos miramos, era el mismo sueño que había tenido yo dos semanas antes.

Finalmente, Víctor dijo que la explicación que él daba a lo que había sucedido tenía que ver con el cambio que mi marido y yo estábamos dando a la Iglesia, nuestro nuevo punto de vista respecto a la vieja Iglesia. Nos quedamos muy sorprendidos, pues muy probablemente tenía razón y ése era el significado de ambas visiones.

Más predicciones presidenciales

Durante los años 1970 y 1980 tuve importantes visiones que trataban sobre presidentes y primeros ministros.

En una ocasión hablé de que el próximo primer ministro de Inglaterra iba a ser un personaje carismático y muy influyente.

Lo comparé con Winston Churchill, quien había sido un conservador que no había querido que Gran Bretaña perdiera su poder en el mundo. Nadie reparó demasiado en tal predicción hasta que Margaret Thatcher fue elegida como primera ministra y pronto la llamaron la Dama de Hierro.

En 1974, después de que Richard Nixon dimitiera y fuera sustituido por Gerarld Ford en Estados Unidos, hice un pronóstico que a la mayoría les pareció increíble. Dije que muy pronto, en los próximos meses, Richard Nixon volvería a ser protagonista de las noticias como una especie de embajador de Estados Unidos. Nadie quiso aceptar tales palabras, pues Nixon no era bien visto en aquel entonces por el escándalo Watergate. Finalmente, Gerald Ford lo perdonó, aunque nadie creyó que fuera a nombrarlo embajador, pero durante los siguientes días en los noticiarios apareció como embajador no oficial en reuniones con ministros chinos y como representante de Estados Unidos.

El muro de Berlín

En otra ocasión, en 1983, pude predecir cómo sería el vuelo que pensaba realizar Swami Vishnudevananda —pues también era piloto—, el cual se había propuesto salir de Berlín Oeste hacia Berlín Este con la intención de llevar un mensaje a los berlineses.

El mensaje decía que, al igual que el muro que separaba a los alemanes, **los seres humanos nos ponemos barreras para trascender hacia lo divino**. Swami me preguntó cómo veía lo que iba a suceder durante el peligroso viaje, pues volar cruzando la frontera estaba totalmente prohibido.

Tras concentrarme pude adivinar que, por suerte, sobrevolaría rodeado por unas nubes que lo esconderían hasta que finalmente llegara a su destino, logrando despistar así todos los controles de seguridad.

Exactamente así sucedió y Swami pudo transmitir su mensaje a los berlineses.

Ante la glasnost

En junio de 1991 me encontraba en la antigua Unión Soviética, en Crimea, impartiendo un curso intensivo de conciencia a más de doscientos psiquiatras, educadores y sociólogos, cuando una científica soviética me preguntó sobre la naturaleza de una nueva área de estudio que se le había ofrecido para coordinar el trabajo en Moscú.

Yo respondí que la propuesta era buena, que lo haría muy bien, pero que pronto todo cambiaría y que su trabajo actual era más seguro.

Justo en agosto de 1991 Michael Gorbachev fue arrestado, y el gobierno y cargos de Moscú en la Unión Soviética cambiaron por completo.

Canalizar a seres extraterrestres

Hace años, un doctor especialista en experiencias y comunicación espirituales se adentró en el estudio de la vida extraterrestre y los ovnis, y entrevistó a un gran número de médiums que habían tenido experiencia en este campo.

En una ocasión vino a Montreal a visitarnos y nos contó que había tenido comunicación con seres inteligentes de otros planetas y que le habían dado información específica que le había servido de gran ayuda para su investigación. Me preguntó si podía usarme como intermediaria para ponerse en contacto y lograr así más información.

Acepté y durante una meditación pasé a un estado de trance y de iluminación. Hablé de un laboratorio científico que veía repleto de cosas, una descripción que parecía tener sentido para el doctor, aunque no para John o para mí, pues parecía que estaba describiendo el laboratorio que el propio doctor usaba para sus estudios en materia extraterrestre.

Respondiendo a numerosas preguntas, pronuncié una fórmula con números que el doctor se precipitó a anotar. Nos explicó después que era justamente eso lo que necesitaba, pues la información extraterrestre que había recibido anteriormente se había cortado justo en ese punto.

Nada tenía sentido para mí.

En otra ocasión, expliqué a John mis experiencias durante un trance que experimenté con personajes del espacio. Describí a unos seres fríos, con mucha menor conciencia emocional que los humanos, de quienes sus principales dones eran el conocimiento de la tecnología y la objetividad. Estos seres estaban interesados en comunicarse e interactuar con los seres humanos, así como en el aspecto biológico y genético de nuestra especie.

Tuve la impresión de que ellos sentían de algún modo que la interacción entre seres podía beneficiarlos, pero parecían insensibles a las emociones y necesidades humanas.

En cualquier caso, le conté que seres del espacio se habían puesto en contacto con los humanos en varias ocasiones y que habían interactuado con ellos como hermanos mayores y guías desde tiempos inmemoriales en la historia.

3

Lecciones de la vida de ambos lados

¿Qué hay más allá?

La idea que tenemos de la muerte es muy equivocada y se ha construido a través del miedo, tanto por el desconocimiento, como por lo creado por religiones y gobiernos para controlarnos. Pero la realidad es que **la muerte no existe porque no somos sólo la mente y el cuerpo, somos también espíritu. Y el espíritu tiene vida eterna.**

Cuando hablamos de la vida más allá de la muerte, no estamos diciendo que preexistimos de alguna manera, que nuestra conciencia aún existe «a pesar de», sino que continuamos viviendo y evolucionamos. Da igual nuestra religión u origen: **todo el mundo va a vivir después del cambio que llamamos muerte.** El espíritu nos lo dice: **la verdad es una y los caminos son muchos.**

Ama a tu prójimo como a ti mismo.

Debemos prepararnos para la muerte, no temerla. **Cuando morimos cerramos una puerta para entrar en otra vida, en otro marco de posibilidades infinitas.** Continuamos pensando y evolucionando, y somos capaces de comunicarnos con los que están en la Tierra. **La vida es una progresión, es parte de una eternidad**, una vida eterna continua que sigue adelante paso a paso.

Cuando entro en trance, el espíritu viene a través de mí porque lo está deseando. **Tras el tránsito de la muerte, lo primero que hace una persona es decirnos que no está muerta, visitar a sus seres queridos para decirles que está bien y explicarles todo lo que está experimentando.** En mi caso sólo puedo decir que el otro lado es hermoso, y que en el mundo espiritual los colores y emociones son muy distintos.

Son muchas ya las personas que pueden hablarnos en cierta manera de ese tránsito. Las experiencias cercanas a la muerte son únicas, pero también comparten similitudes que los científicos investigan y recopilan en sus estudios. Cientos de personas describen un viaje a alta velocidad por un túnel oscuro que finalmente se convierte en luz y en un arco a través del cual entrevemos el mundo espiritual y a nuestros seres queridos esperándonos.

ECM y proyección astral

Las experiencias cercanas a la muerte, o ECM, son percepciones del entorno narradas por personas que han estado a punto de morir o que han experimentado una muerte clínica y han sobrevivido. Hay numerosos testimonios, sobre todo desde el desarrollo de las técnicas de resucitación cardíaca.

Para algunos, las ECM son una prueba de que el espíritu, como entidad inmaterial, se separa del cuerpo físico que actúa como mero soporte material, para dirigirse a otro reino. Como prueba existe la evidencia de los relatos vividos por las personas que experimentaron el fenómeno, incluso algunos de ellos ciegos —según nos explica en uno de sus relatos Elisabeth Kübler-Ross—, quienes cuentan detalladamente el entorno físico, las personas y situaciones en los cuales se encontraban en el momento de la experiencia y que resultan coincidir con la realidad.

En todas las culturas se ha afirmado la capacidad e intuición de que somos capaces de abandonar nuestros cuerpos. Quienes tienen estas experiencias salen de su cuerpo y se ven a sí mismos hechos de luz, a la vez que pueden contemplar su cuerpo físico, inerte en la cama, y un cordón energético —llamado por algunos cordón de plata— que une ambas formas, el espíritu formado de energía y el cuerpo que yace en la cama. Incluso algunos han explicado la sensación y certeza de que si ese cordón se cortara por algún motivo, el espíritu sería incapaz de regresar al cuerpo.

La proyección astral o desdoblamiento astral es un tipo de experiencia mental basada en la interpretación de las experiencias extracorpóreas, por la cual algunas personas dicen haber experimentado percepciones extracorporales. Éstas consisten en una separación o desdoblamiento del cuerpo astral, o sutil, que se separa del cuerpo físico. Este tipo de experiencias se alcanzan por una fuerte sugestión, mediante la meditación profunda o el sueño.

Todos aquellos que han experimentado uno de estos viajes cuentan que después de ellos sus vidas dan un vuelco. De pronto saben que son eternos y que **la aventura continúa más allá del cuerpo físico**. Esta constatación es algo que lo cambia todo y abre todo un horizonte de posibilidades y esperanza; el miedo se esfuma.

Los médiums y psíquicos ven los cuerpos astrales —o espíritus— de aquellos que se han ido, de manera que podemos ver tanto a aquellos que se encuentran en un viaje astral como a quienes ya han abandonado su vida terrestre.

Descripción del viaje

El doctor Hereward Carrington y la doctora Sylvan Muldoon han recogido cientos de estas historias, y el doctor Robert Crookall ha hecho una lista de las experiencias comunes en todas ellas:

- el sonido de un clic en la cabeza,
- un telón en negro que cubre nuestra visión y parece ahogar nuestros sentidos,
- un viaje rápido por un túnel negro, sintiendo cómo salimos del cuerpo y nos duplicamos en una forma más pura hecha de luz,
- la visión de nuestro cuerpo físico con las constantes vitales al mínimo,
- un cordón energético luminoso.

Después de salir del cuerpo, el doble astral puede dejar la habitación o lugar donde nos encontremos físicamente y volar o flotar a otros lugares. Existen testigos que han visto ese doble luminoso paseando o visitando otros lugares mientras su cuerpo sigue en casa, incluso a través de océanos.

Investigadores de los viajes astrales

Carrington fue reconocido por su trabajo con los fenómenos psíquicos. Entre sus obras podemos encontrar los casos mejor documentados de su tiempo sobre las capacidades psíquicas. Escribió más de cien libros sobre lo paranormal, la salud alternativa, la magia y sus investigaciones psíquicas.

En 1927 conoció a Sylvan Muldoon, escritor sobre la proyección astral, lo paranormal y oculto, que hacía especial referencia a las experiencias fuera del cuerpo de forma inducida. Muldoon había experimentado esta clase de experiencias desde los doce años. Entre los dos publicaron en 1929 *The Projection of the Astral Body*.

También existen experiencias con guías y maestros en estas formas, puesto que entramos en el mundo espiritual y podemos encontrarnos con ellos. Por ejemplo, en el caso de la doctora Eileen J. Garrett, pudo proyectarse conscientemente con su cuerpo astral desde Nueva York a Islandia para obtener información y después corroborarla, mientras dos científicos, el doctor Muhl en Nueva York y el doctor D. Stevenson en Reikiavik, la monitorizaban y verificaban los resultados.

Eileen J. Garrett fue una médium y parapsicóloga irlandesa, fundadora de la Prapsychology Foundation en Nueva York, y una de las figuras más importantes en los estudios científicos de los fenómenos paranormales del siglo xx.

A lo largo de la historia, podemos encontrar abundante documentación e historias sobre el tema, desde literatura hasta experimentos científicos, que buscan probar la vida tras la muerte. Entre ellas encontramos las experiencias cercanas a la muerte, las apariciones de los muertos a los vivos en distintas situaciones y formas, las comunicaciones con los médiums y sensitivos, las imágenes en películas —rostros o figuras que no deberían estar allí— y voces en audio.

Por ejemplo, las psicofonías o fenómenos de voz electrónica, las EVP, son sonidos que quedan registrados en grabadoras de audio y son interpretados como voces —masculinas y femeninas, de niños y ancianos— que enuncian contenidos significativos, presentando una morfología característica en cuanto a su timbre, tono, velocidad y modulación. Su mayor interés radica en el hecho de que, en ocasiones, estas voces han respondido a preguntas de los operadores, llegando a producirse verdaderos diálogos con ellos.

Espíritus y fantasmas

Son muchos los que preguntan cuál es la diferencia entre un espíritu y un fantasma, y la verdad es que una vez que comprendes la vida después de la muerte, la respuesta es muy sencilla. De hecho, **un fantasma es la forma astral del espíritu**, es decir, que realmente el fantasma no es un espíritu.

Cuando una persona muere y el espíritu sale del cuerpo, a veces percibimos una forma a la que llamamos comúnmente fantasma, pero para que al espíritu se le llame fantasma, es necesario que esté allí de forma presente, es decir, **un fantasma es percibido con nuestros sentidos físicos**.

El mundo en la Tierra tal y como lo conocemos es una escuela, quizá no espiritual, pero es en este mundo donde tenemos que aprender a respetarnos los unos a los otros, a comprender qué venimos a hacer, cuál es nuestro cometido. Cuando vemos que la gente se mata por dinero o poder, nos sentimos confundidos y alterados, y eso es porque no tiene nada que ver con nuestras enseñanzas y con quiénes somos en realidad, pues **nuestro objetivo es amar, dar, meditar y darnos cuenta de nuestro verdadero ser**.

A veces nos sentimos perdidos y solos, pero nunca lo estamos. **Desde que nacemos estamos acompañados por un grupo de espíritus que nos guían y trabajan con nosotros**, despertando nuestros dones del campo espiritual, ajustando nuestras frecuencias para seguir las vibraciones del planeta, para que nuestra evolución y energía siga a la de la Tierra.

Ellos son los que nos ayudan a hacer la transición, y mientras lo hacen siguen a la vez con su propio camino. **Nadie nace ni muere solo**.

Podemos percibir a los guías de distintas maneras, como luces, colores, caras, formas espirituales, pero nuestros guías fueron en su día personas que vivieron aquí en la Tierra, como nosotros. Otros seres que nos ayudan en nuestra evolución son los ángeles, aunque éstos no son espíritus, sino seres energéticos elevados que provienen de otro universo.

El miedo procede del desconocimiento, porque la gente no entiende cómo funciona la vida después de la muerte. Si lo entendiéramos, no habría suicidios, nadie se drogaría, el odio y los celos no tendrían razón de ser. De hecho, es hacia este cambio de mentalidad hacia donde nos enfocamos.

Y después, ¿qué?

Es mucha la gente que teme a la muerte porque tienen miedo al infierno y la condenación eterna. Sí, existen las almas perdidas, pues si matamos o hacemos algo que va en contra de nuestra propia naturaleza, al morir nos quedamos perdidos, pero no permanecemos siempre ahí; todos llegamos a un jardín de descanso o a un hospital espiritual donde seremos capaces de comprender y sanarnos para continuar nuestro camino.

También están aquellos que matan y disfrutan haciendo daño. Éstos sí están terriblemente perdidos, pero lo peor es que son capaces de influir en quienes continúan en la Tierra. A fin de cuentas, no obstante, somos nosotros mismos quienes tenemos la responsabilidad de nuestros actos y hay muchas técnicas que nos enseñan a mantener nuestra mente en calma, en armonía con nuestro cuerpo y espíritu.

Drogas y experiencias extracorpóreas

Los espíritus de más alta conciencia nos dicen que las drogas no son la respuesta, y que el pranayama —la respiración que cura—, sí. He trabajado con muchas personas que tomaban algún tipo de droga y, por ejemplo, en el caso de la marihuana, el campo energético se hace traslúcido y esto provoca que no exista posibilidad para el individuo de diferenciar qué es lo que proviene de sí mismo y qué procede de fuera; su percepción e intuición queda confusa y bloqueada.

Las investigaciones más recientes sobre neurología han demostrado que con el consumo de drogas el cuerpo sufre alteraciones en las ondas cerebrales. Es algo que hace muy difícil romper esa adicción, puesto que antes es necesario trabajar con el cerebro y ser capaces de cambiar su funcionamiento hacia uno sano y natural.

Para ser capaces de sentir, escuchar, ver y, en resumen, encontrarnos a nosotros mismos, debemos ser capaces de decir no y tener una disciplina en nuestras vidas. Jesús dice: **«Conoce la verdad, porque la verdad te hará libre»**.

Somos lo que hacemos de nosotros mismos

Vivo, sí. Lo más importante es entender que vivimos después del cambio al que llamamos muerte. Para los espíritus es muy reconfortante comunicarse con nosotros porque ellos quieren explicarnos, a los que estamos aquí en la Tierra, que hay mucho más, que sepamos que no están muertos y que seguimos adelante.

No importa quiénes seamos, todos vamos a morir y **en el mundo espiritual no necesitamos un pasaporte para poder entrar**. La única manera de que seamos felices es saber la verdad: que después de la muerte hay vida, pues el mayor miedo de la gente es morir.

Como dice la Biblia: **Dios es el único que sabe cuánto tiempo vamos a vivir**. Venimos a la Tierra con las respiraciones contadas y, a menudo, cuando veo a las personas, también puedo ver si van a tener una vida larga, aunque jamás se me ocurre preguntar a su espíritu cuántos años va a vivir.

Venimos a la Tierra con un propósito concreto, con unos dones concretos. Cómo los utilicemos dependerá de las experiencias que tengamos, de nuestro entorno, y de nuestra determinación personal. **Hemos nacido de una manera, pero lo que hagamos está en nuestras manos, es nuestra responsabilidad**.

Cielo e infierno

Creo en la auténtica reencarnación. ¿Qué significa eso? Realmente hemos vivido todas las expresiones de la vida desde el principio de los tiempos, pero la pregunta que realmente debe pasarnos por la mente, porque su respuesta es ciertamente relevante para nuestra vida y evolución, es cuál de esas expresiones de vida está afectando a la presente. Una respuesta que podemos averiguar a través de los dones básicos con los que hemos nacido, así como nuestros miedos, fobias e inseguridades.

Hay niños que se sientan frente a un piano y, sin que nadie les haya enseñado, lo tocan de maravilla. Hay gente que se siente muy cómoda con ropa de otra época, o personas que pisan por primera vez un país y tienen la sensación de haber estado allí antes.

Son muchas las almas perdidas con las que me encuentro durante mis sesiones y mi vida diaria. Debemos entender que una persona bajo los efectos del alcohol o las drogas pierde el control sobre sí mismo y puede estar absorbiendo vibraciones de los espíritus que les rodean, y si ellos están confundidos, imaginaos nosotros cuando no sabemos de dónde vienen esas emociones, incluso pueden llevarnos a hacer cosas horribles.

Hemos crecido con la idea de un infierno y un cielo eterno, una imagen estereotipada y simple con un cielo en el que escucharemos los cantos de los ángeles, pero cuando entendemos el simbolismo profundo que reside tras estas ideas, comprendemos que ese cielo e infierno reflejan estados de nuestra propia mente. Son el resultado de estados de conciencia donde **nosotros somos los creadores de nuestro propio cielo o infierno en el mundo espiritual donde vivimos día a día**.

Aprender a morir es aprender a vivir

Trabajo en el mundo de la psiquiatría, con niños que sufren y mueren, y cada día veo hermosas sonrisas cuando llega el momento y dicen: «Mira, él viene...» o «La abuela está aquí».

He trabajado con prisioneros que han cometido crímenes terribles, que pasan sus vidas en una prisión porque han matado a alguien. Sea quien sea la persona en una situación semejante, un niño, un genio o un preso, todos tienen un espíritu que intenta decirles: «Escúchame, intenta entender quién soy, intenta hablar con tu corazón, no sólo con tu cabeza, ábrete a tu ser inmortal, al espíritu eterno que vive más allá del ser humano».

Es necesario que aprendamos a morir, pues si somos capaces de morir de forma consciente, nos veremos a nosotros mismos, nos sentiremos saliendo de nuestro cuerpo, percibiremos el mundo espiritual que nos rodea, a todos los que quedan en el mundo de la Tierra, así como aquellos que nos esperan en el mundo espiritual. Pero si todavía conservamos rabia, culpa u odio hacia los demás y hacia nosotros mismos, no podremos ser conscientes del plano superior al que nos dirigimos. Por eso **es necesario aprender a morir de forma consciente y en un estado de perdón**.

Aprenderemos a morir bien, viviendo bien. Trabajemos con nuestra psique y nuestro cuerpo, y tanto al ir a dormir como al despertar cada mañana afirmemos verdades espirituales de vida, amor, perdón y alegría. Con meditación, oración, yoga y haciendo un buen uso de forma consciente de nuestra energía despertaremos nuestro espíritu interior, o chispa divina.

Aprendamos a respirar para controlar nuestra mente y emociones. Aprendamos a trabajar con nuestras energías y a **diferenciar aquello que viene de dentro de lo que procede de fuera**, aquello que es bueno de aquello que no lo es, porque la mayoría de enfermedades son provocadas de forma psicosomática, por aquello que nos rodea, porque olvidamos la fuerza telepática, los pensamientos y energía que crean nuestro mundo presente y nuestro futuro.

Si entendemos que existe un campo de fuerza espiritual, podemos eliminar los pensamientos confusos —muchos de ellos provenientes de otros seres y personas— y los dejaremos ir con una oración, siendo así capaces de controlar nuestra propia luz para inspirarnos y crear libremente.

¿Qué es el infierno?

Cada año viajo a África, donde veo a niños morir en la calle, a gente que se droga porque busca un significado y no lo encuentra. Eso es el infierno, no un foso de condenación eterna; **el cielo y el infierno están a nuestro alrededor**.

Hace unos años, Juan Pablo II escribió: «**El cielo y el infierno son estados de la mente, no son lugares**». Mi marido era un padre anglicano además de un gran esposo, y un día me dijo: «Sólo podemos entender la fe cristiana, o cualquier otra fe, si entendemos este fenómeno espiritual, pues es el puente entre la religión y la ciencia».

Mucha gente tiene miedo del otro mundo, de la muerte, de que cuando mueran se disuelvan, pero en verdad existen los espíritus y cuando muramos afrontaremos lo que hemos hecho en vida.

Entramos en una etapa de cambio, en una nueva revolución copernicana hacia un periodo de luz. **Muy pronto seremos capaces de usar la tecnología para ver el mundo espiritual**. El nuestro es un periodo de transformación, de transmutación. Entramos en un nivel de consciencia donde la energía se mueve más rápido y es más sutil, y cuando la energía es más sutil puede funcionar en distintos estados de conciencia.

Muchos niños nacen ahora con problemas genéticos, muchas personas no son capaces de mantener su propia energía, y eso es porque los cambios electromagnéticos nos están llevando a un nivel más alto de conciencia. A no ser que nuestra energía y aura sean capaces de adaptarse, no podremos mantener nuestro sistema inmunológico a salvo con tantos cambios.

Es muy importante y necesario que aprendamos a estar en otra vibración, mientras nos mantenemos en una posición objetiva, construyendo nuestro campo energético. **Necesitamos aprender a parar la mente y a centrarnos**, a focalizarnos hacia esa meta, a aprender a visualizar el camino correcto, pues no podemos tener la mente como un caballo desbocado con el pensamiento de un lado a otro.

Estamos muy cerca de ver la paz en la Tierra. Debemos tener cuidado con estos equipos y tecnología que nos rodean hoy día, usarlos de una manera positiva, ya que muy pronto todos estos aparatos sufrirán un apagón o desconexión, así que hagamos copia de todo lo que hay en nuestros ordenadores.

Sin miedo

Pero ¿cómo aprendemos a morir o a ayudar a alguien al borde de la muerte, a estar con alguien? ¿Cómo saber cuándo nuestros pensamientos son verdaderos y cuándo no?

Cuando nos vayamos a dormir es necesario que lo hagamos completamente relajados. Para ello utilizaremos técnicas y ejercicios de respiración, así como una relajación muy simple, y si empezamos a hacer esto podemos aprender a reconocer lo que es verdad y lo que no. No es bueno tomar decisiones cuando estamos alterados, pues debemos hacerlo cuando nos encontremos en paz, por ejemplo, meditando sobre cada asunto durante una relajación.

La muerte está mal entendida. No es algo a lo que deba temerse, sino el proceso natural de la vida; **quien no entiende la muerte es porque no comprende la vida. Nadie puede ser realmente feliz en la vida hasta que no ha entendido la muerte**, pues el miedo a la muerte conlleva muchos problemas psicológicos: miedo a la oscuridad, depresión, inseguridad en uno mismo, etcétera.

Yo creo que muchas veces ese temor está relacionado con memorias ancestrales, memorias genéticas de personas a quienes se les ha inculcado demasiado la idea del infierno y ahora, tras la muerte, se encuentran vivos y sin saber dónde están, esperando ese infierno.

Los niños son capaces de captar esos pensamientos. Es por ese motivo que es necesario aprender a controlar qué pensamos y qué decimos, pues los pequeños son muy influenciables y moldeables durante la infancia. **El miedo a la muerte ilustra una falta de conocimiento sobre el verdadero sentido de la vida: la autorrealización.**

Un regalo divino

Desde niña he sido capaz de recibir mensajes desde el otro lado, otros mundos o planos que rodean y comparten el nuestro, a pesar de que no los veamos. Desde entonces algunas cosas han cambiado. Yo tengo más control sobre mis capacidades y el mundo está más abierto a este tipo de fenómenos, pero algo que continúa igual es el mensaje central que siempre me han intentado transmitir.

Los espíritus quieren que se haga la voluntad de Jesús. Miremos donde miremos, vemos los cambios inminentes, vemos que estábamos seguros de unas verdades que han resultado erróneas, vemos crisis económica, guerras, enfermedades, cataclismos naturales, gente sin esperanza…

Los espíritus opinan que, a pesar de lo que está pasando, vamos a entrar en una era de paz, ya que justamente lo que está pasando va a funcionar como un catalizador para el cambio. **Vamos a pasar de una era de mentira a una era de verdad**.

Por supuesto, existen distintos tipos de espíritus y cada uno de ellos habla de cosas diferentes. Por ejemplo, tengo un guía al que llamo «el reportero», porque es él quien me da las buenas y malas noticias.

¿Qué es la clarividencia?

Una médium es una persona que se comunica entre este mundo y el espiritual. La primera certeza que tenemos es que la vida continúa después del cambio que llamamos muerte, y que aquellos que viven en el otro mundo quieren darnos información y decirnos sobre todo que están vivos.

Los veo, los siento, los oigo. Aparecen como luces y colores. La clarividencia se refiere precisamente a esta capacidad de mirar más lejos. Ellos me hablan a mí y yo les escucho y les contesto. Están a nuestro alrededor, nos cuidan y nos observan.

La clarividencia es una capacidad de percepción extrasensorial que permite recibir información de acontecimientos futuros. No existe ninguna evidencia científica de que tal capacidad exista, pero sí múltiples testimonios. Esta percepción se caracterizaría por captar fenómenos que quedan fuera del alcance de los sentidos físicos y de adivinar hechos futuros u ocurridos en otros lugares.

Como he dicho en un capítulo anterior, Cayce y Jung ya se refirieron a estas influencias como el inconsciente colectivo, el cual nos mueve a todos por igual. Pero antes es necesario saber **controlarte a ti mismo para llevar tu propio barco, por ello es tan importante el yoga, la meditación, el taichi o las prácticas de oración**.

En mi caso tuve esa pequeña niña india angelical llamada Daisy que fue mi guía, que me dice claramente lo que muchos muertos están tratando de transmitirme; puede mirar a una persona e identificar a quiénes le rodean y quiénes no, y yo hablo sólo como intermediaria.

Muchos cristianos lo hacen, pero dicen hablar en nombre de Jesús, y en lugar de ver tu aura ven el espíritu sagrado, pero es lo mismo. Daisy es una niña india norteamericana, es un espíritu y no tiene cuerpo físico —en realidad todos somos espíritus en cuerpos físicos con mente, pero en el mundo espiritual todo espíritu tiene la habilidad de mostrarse con la edad que desee aunque pasen siglos—; es un alma muy sabia y antigua que murió como niña india en su última reencarnación.

Soy capaz de ver e interpretar el aura de quienes me rodean, y cuando alguien va a morir siento que su cuerpo astral está listo para dejar el físico. A veces siento, veo u oigo que alguien quiere hablar, yo me aparto de mi propio cuerpo y permito esa guía conscientemente.

Un psíquico, médium o sensitivo con ética y moral nunca dará premoniciones negativas a menos que sirvan realmente para algo. **Una predicción es como el fuego, puede servir para calentar o para destruir**. Puede tener efectos devastadores en una persona, o ser usada para salvar una vida o para herirla. Sólo recibiremos premoniciones negativas si las permitimos en nuestra mente, como por ejemplo la muerte inevitable de familiares y seres queridos, pues ésta es una información inútil que sólo nos hará sufrir.

Un nuevo método

A los catorce años, tras darme cuenta de que no todos los niños podían ver como yo, desarrollé un nuevo método y lo perfeccioné hasta que fue sencillo y se integró en mi día a día. Empecé enfocando todo el cuerpo físico de una persona o bien la forma física de los objetos que veía, y después todo aquello que rodeaba a la imagen lo clasificaba aparte. De esta forma podía ver igual que los demás.

Después de un largo periodo de esfuerzo para perfeccionar esta nueva forma de ver, logré que fuera natural y espontánea. Por fin podía ver como el resto de las personas, aunque conservando mi propia visión, es decir, veía de forma dual, una visión que he llegado a describir como «conciencia multidimensional». Con esta nueva conciencia, hoy día puedo ver cómo solucionar los problemas específicos y necesidades de los niños sin que éstos tengan que articular, describir o tratar de entender qué les pasa.

Mi don está fundamentalmente relacionado con el mundo espiritual y con el Cielo, con los santos bondadosos, los buenos espíritus y las almas queridas. Mi principal misión es la de ayudar a otras personas mediante mensajes que me son trasmitidos por el Espíritu Santo.

Recibo mis experiencias gracias a mi habilidad para ver a través de los mundos. No obstante, a veces he descrito y contado que he visto apariciones de seres de Cielos más altos, seres del espacio que no forman parte del mundo espiritual. Es decir, como médium no sólo me comunico con el mundo espiritual, sino también con otros planos y mundos que acompañan al nuestro, ya sea angelical o extraterrestre.

El maestro Jesús

Jesús nos dijo: **«Todos los bienes del mundo, sin el espíritu, no pueden llenar el corazón humano».** Ésta es una enseñanza que cuesta aceptar a la gente, pero ahora muchos se están dando cuenta de que, a menos de que sigamos un camino espiritual, nos ayudemos los unos a los otros, aceptemos que hay vida después de la vida, y que hemos venido a amarnos los unos a los otros, no podremos encontrar la felicidad.

Cuando miramos los dramas que ocurren a nuestro alrededor, nos damos cuenta de que si viviéramos de una manera más sencilla todo sería muy distinto. Nos encontramos en un momento de transformación, vamos de una edad a la otra, de la oscuridad a la luz.

Amado Dios todopoderoso, guíanos de la oscuridad a la luz,
de lo irreal a la verdad, del miedo a la muerte
a la consciencia de la vida eterna.

El maestro Jesús dijo: «Conoce la verdad, y la verdad te hará libre», y mi marido siempre me dijo que los fenómenos espirituales son el eslabón perdido entre la religión y la ciencia.

Todos venimos con un propósito, con una misión: ser artista, músico, enfermera, terapeuta… Quizá ser uno de mis niños con necesidades especiales, para que sepamos que sus almas son perfectas. El programa universitario que desarrollamos en la hermandad trata de enseñar, mediante cursos y conferencias, que cada uno de nosotros sea quien ha venido a ser, que comprendamos que nadie viene para matar, para drogarse, o para suicidarse. Que ahora, en este precioso instante, estamos unidos, porque **el ayer es historia y el mañana un misterio; el ahora es el único momento que existe**.

Estamos en un viaje de transformación y de descubrimiento de nuestro verdadero ser y nuestra verdadera meta. Debemos aprender a enfocarnos, a darnos cuenta de que sólo hay un Creador, de que hay distintos planos de conciencia, y de que todos somos hermanos y hermanas, responsables de nuestras acciones y pensamientos.

Cuando dejemos esta Tierra conoceremos a los que se fueron antes que nosotros, a aquellos que nos dejaron, a aquellos que no recordamos pero llevan desde el principio de los tiempos a nuestro lado. **Vivimos en un universo multidimensional**, no podemos transformarnos en ángeles o animales, pero sí somos parte del mundo espiritual.

El viaje al Cielo

Mis guías espirituales siempre me dicen que el viaje al Cielo es el más hermoso que podemos emprender. Todos podemos aprender a morir conscientemente y a disfrutar de ese momento tan único y especial.

Nuestra amiga Elisabeth Kübler-Ross trabajó en profundidad este tema, tanto desde el punto de vista del moribundo como desde el de los seres queridos que se quedan en la Tierra. **Cuando nos vamos al otro lado revisamos nuestra vida, vemos todo lo que hemos hecho y aprendemos a perdonar a todos, incluso a nosotros mismos**. Por supuesto, cuando revisamos nuestra vida desde cómo somos hoy, pensamos que habríamos hecho las cosas de forma diferente, pero si nos ponemos en nuestra piel anterior, en aquel momento, nos damos cuenta de que hicimos lo que creímos mejor.

Durante el tiempo que pasamos en la Tierra, el espíritu está trabajando, la muerte es un viaje hacia un lugar magnífico donde nos vamos a dar cuenta de la verdad porque hemos entrado en otro nivel de conciencia, y lo que no sea verdad saldrá a la luz.

¿Qué debemos aprender? A ser abiertos, honestos con los demás y con nosotros mismos —enfrentarnos cara a cara con nosotros mismos—. Vamos a comprender que las guerras y los asesinatos no tienen nada que ver con el karma, sino con lo que hemos llamado hasta ahora «pecado original», que no es más que salirse de la verdad, del camino que nos lleva hacia nuestra misión.

Durante nuestra vida hemos olvidado quiénes somos. Platón decía que nos pasamos la vida preparándonos para morir, y Elisabeth dijo que si necesitas analgésicos para el dolor tómalos, pero que la mente siempre permanezca lúcida, pues **la muerte es un viaje que nadie se querrá perder**.

Una respiración profunda

Cuando quiero contactar con el otro mundo hago una respiración profunda y altero conscientemente mis ondas cerebrales. Entonces empiezo a sentir algo dentro de mí. Veo cosas extrañas alrededor de las personas: colores, fechas y espíritus. Es un privilegio y un placer estar entre los dos mundos y ser capaz de traer mensajes de nuestros seres queridos, guías y maestros. Lo hago de todo corazón y rezo para que todos los mensajes tengan sentido.

Los espíritus se manifiestan de muchas maneras y no siempre lo hacen de la misma forma. Pueden venir como una luz, un sonido, un pensamiento, una sensación o incluso como una canción. Algunas veces se manifiestan acercándose a alguien vivo para que veas en su cara el rostro de un ser querido que ya ha muerto, pero luego te fijas bien y no se parece en nada.

Yo nací con este don y lo conservo porque mi familia nunca me dijo que tuviera que eliminarlo; crecí en la tradición cabalística judía, y nunca me dijeron que fuera cosa del demonio. Me quisieron tal y como era, y me animaron a ser yo misma de forma positiva, así que crecí creyendo que era normal y natural, y aún lo sigo creyendo.

Cuando la gente o los espíritus vienen a mí, rezo, inspiro profundamente y llamo a mis guías y maestros para poder trasmitir lo que me dicen de la manera más clara posible. Para mí es muy natural, pero la verdad es que **cuando nacemos, todos tenemos esa capacidad, aunque la olvidamos**.

Justamente ése es uno de los motivos que me atraen especialmente del proceso de aprendizaje. **Los niños nacen con las ondas cerebrales en estado alpha, pero cuando crecen sus cerebros cambian**. Es decir, parte del cambio y del proceso es fisiológico, ya que a los seis años nuestro cerebro no es el mismo que durante nuestros años anteriores, y la mayoría olvida cómo era el mundo antes. Aunque cada vez son más los que no olvidan e incluso los que empiezan a recordar, sienten cosas y han tenido fuertes experiencias psíquicas a lo largo de su vida.

La energía de la historia

Algunas de las verdades de las que estoy completamente segura después de todos estos años es de que sólo hay un Dios —sin importar la raza o la religión—, que todos somos hermanos espirituales, y que **nuestro miedo nos provoca una gran ansiedad, y como una culebra que se muerde la cola, esta ansiedad nos provoca aún más miedo**. Por ese motivo recomiendo a todo el mundo los ejercicios respiratorios y físicos, el pensamiento positivo y la meditación.

Cuando voy a dar mensajes durante una de mis charlas, explico que **los espíritus no revelan secretos, es decir, nunca nos pondrán en situaciones embarazosas**, porque no quieren molestar ni herirnos, sólo quieren decirnos que están bien y que nos quieren. Por eso todo el mundo es libre de decir sí o no cuando paso por su lado y pregunto si puedo hablar con ellos.

Mucha gente habla de demonios, pero ¿dónde está el diablo? ¿Qué es? La gente tiene miedo de lo que no entiende, ¿quién te va a echar una maldición o un mal de ojo? Hay familias que durante generaciones parecen estar marcadas por una «maldición», con patrones de conducta negativos: adicciones, suicidios, abusos… que se repiten una y otra vez, generación tras generación. Sin embargo, eso nada tiene que ver con una maldición o una bruja que haya condenado nuestro linaje para siempre, sino que es algo mucho más sencillo.

Todo lo que ha ocurrido en la historia tiene una carga energética y esta carga pasa a través de la línea temporal y generacional, así que la captamos y continuamos con lo que quedó inconcluso. Vemos a jóvenes que quieren suicidarse o luchar en guerras, que tienen esa necesidad bélica que transmiten en muchas ocasiones con juegos inofensivos y otras veces con abusos dentro de la familia, y esto normalmente sucede porque si siguiéramos nuestra línea genética encontraríamos un asesinato, una muerte trágica y brutal, una guerra traumática… También tenemos familiares o conocidos con problemas de asma, muy sensibles al humo, o que no pueden llevar nada prieto al cuello, y eso es normalmente porque uno de sus ancestros se asfixió o ahorcó. Lo importante es **aprender a romper con esa línea, con esa herencia**.

Un puente entre los diferentes mundos

En cuanto a mí, cualquier cosa que haga es gracias a Dios o a otros seres espirituales, a través del maestro Sivananda y de sus enseñanzas. Me he dado cuenta de que a veces mi clarividencia es más fuerte que mis facultades auditivas, mientras que en otras ocasiones se combinan las dos.

La gente a veces no entiende, cree que alguien como yo puede llamar a la muerte, decirle: «Eh, vamos, dime esto o aquello», pero no funciona así. **Los espíritus están a nuestro alrededor, tienen un mensaje, quieren que sepamos que la vida es eterna, pero no tienen por qué responder a todas nuestras preguntas, sobre todo si son triviales.**

A menudo, los espíritus que acaban de dejar el cuerpo no pueden pasar a la etapa siguiente y descansar en paz hasta no haber comunicado a alguien que están vivos. Por eso este tipo de trabajo es sumamente útil. No se trata solamente de ayudar a la gente para que vea con sus ojos u oiga con sus oídos, sino también de llevar solaz a muchos espíritus que están en el plano astral y que no saben cómo continuar hacia la etapa siguiente.

Al mismo tiempo es útil para los santos, para los avatares, los maestros que están en el mundo espiritual. No porque ellos necesiten un médium, ya que pueden comunicarse directamente, sino porque a menudo hablamos con personas cuyo maestro está todavía trabajando con ellas y no es el momento propicio para comunicarse directamente, pero sí que han de recibir ciertos mensajes.

Cuanto más desarrollamos nuestra sensibilidad, más podemos hacer de puente entre los diferentes mundos. Es precioso, pero también conlleva una gran responsabilidad. Algunas veces la gente está muy temerosa y cree que les voy a leer la mente, que me voy a meter en sus pensamientos, pero esto no funciona así.

Yo soy una mera transmisora. Hablo por boca de seres que siempre han estado contigo y encienden su luz para disipar las tinieblas.

Las capacidades psíquicas

Todas las personas tienen la habilidad de comunicarse con el mundo espiritual, y por eso todo el mundo puede redescubrir su potencial. La mayoría de la gente no es consciente de esos dones porque cuando eran pequeños les dijeron que eso no era cierto o que estaba mal. Se les enseñó a tener miedo de sus propias capacidades.

La gente cree que ser médium es tener un poder particular y no saben que todos tenemos esa fuerza. **Todos viajamos por la noche y muchas personas pasan la noche con seres queridos.** Los espíritus son muy activos y podemos aprender cómo funciona su mundo. Ellos nos guían.

Cuando dormimos, viajamos al mundo espiritual. Es entonces cuando podemos alterar nuestras frecuencias mentales y aprender a entrar en un estado de sueño consciente. Hay que aprender de qué manera los espíritus pueden acercarse a nosotros. En ocasiones pueden venir como un pensamiento, una visión, un sonido interior o un sonido exterior, como cuando por ejemplo crees que alguien te llama mientras paseas por la calle.

Si quieres ser un buen profesor —o un buen cocinero, pues no importa a qué te dediques, sino que lo hagas de corazón—, tienes que desarrollar tu relación con el mundo espiritual, incluso de forma inconsciente. Es muy importante porque todos vamos a pasar a él tarde o temprano. **Tenemos que aprender que en la otra vida vamos a encontrarnos todos, y por eso debemos hacer el bien en esta vida, ya que si herimos a alguien de alguna manera nos enfrentaremos a él en el Cielo**.

Sanadores psíquicos

Desde los principios de la humanidad los profetas, los chamanes, los santos… eran capaces de sanar con oraciones, con el tacto e incluso a distancia. Desde Jesús hasta Buda, no existe ninguna religión sin historias sobre poderes sanadores.

El psicólogo William James ya se refirió a la universal plegaria por ayuda que existe en todas las culturas. Desde Egipto, Grecia y Roma, hasta la India, Japón y China, siempre ha habido templos dedicados a la sanación donde ocurrían verdaderos milagros y de los que se nutrió el padre de la medicina moderna, Hipócrates, médico de la antigua Grecia considerado como una de las figuras más destacadas de la historia de la medicina, al cual muchos se refieren como el «padre de la medicina moderna» en reconocimiento a sus importantes contribuciones como fundador de la escuela que lleva su nombre. Los profetas en el Antiguo Testamento, y Jesús en el Nuevo, eran capaces de sanar con las manos e incluso revivir a los muertos.

Entonces, ¿cómo pueden los pensamientos y oraciones de un individuo afectar al cuerpo y la mente de otro, incluso a distancia? Recientes estudios psiquiátricos demuestran que nuestra mente e imaginación es capaz de sanarnos, pues tenemos un gran poder que no sabemos manejar, además de la bioenergía y los factores psíquicos que entran en juego entre el sanador y el paciente.

El doctor Bernard Grad de la McGill University y el Allen Memorial Institute ha estudiado la energía de las manos de los sanadores en el crecimiento de las plantas y la curación de las heridas, descubriendo que tanto el crecimiento y la sanación se potencian con la imposición de las manos. La doctora Thelma Moss del departamento de neuropsiquiatría de UCLA, ha tomado imágenes de la energía que se mueve desde las manos del sanador a quien la recibe con una cámara Kirlian, un aparato fotográfico capaz de plasmar en una imagen el efecto de corona de cualquier objeto u organismo al aplicar un campo eléctrico sobre una placa.

La doctora Thelma Moss fue una psicóloga y parapsicóloga americana conocida por su trabajo fotografiando el aura humana con la cámara Kirlian. Tras pasar años con problemas psicológicos y depresiones —con dos intentos de suicidio—, desarrolló una psicoterapia con LSD, y una vez curada exploró en el mundo de la parapsicología.

Hoy día los sanadores psíquicos o espirituales trabajan en hospitales de todo el mundo, ayudando a personas con cáncer, que sufren pequeños traumas, e incluso durante el traspaso de la muerte. Aunque esta sanación no sustituye a la medicina tradicional, en cambio es un plus que puede mejorar y acelerar muchos procesos curativos. Una cosa que debe quedar clara es que en este proceso no somos los terapeutas quienes sanamos, sino que sólo somos un canal por el que pasa la energía y gracia divina para ayudar a la propia sanación de la persona. Por ese mismo motivo no podemos diagnosticar enfermedades.

Todos los niños nacen con un alma perfecta y hermosa, pero el mundo es aterrador y frío, y sin guía y cariño ese espíritu puede ir hacia lo peor. En mi trayectoria he visto niños con depresión, que desean suicidarse y que siempre dicen: «Tengo miedo». Abrazándoles, diciéndoles palabras de cariño, imponiéndoles nuestras manos, podemos hacer que se sientan mucho mejor y que su espíritu florezca como es en realidad, porque ellos son hermosos por dentro y por fuera.

¿Qué es el aura?

Desde pequeñita siempre he visto el aura de las personas. Pero cuando hablo de aura, ¿a qué me refiero? El aura que veo es una especie de campo de fuerza que está alrededor de la gente —rodeando su cabeza y hombros—, y cuando me concentro en ella los colores empiezan a aparecer.

Todos tenemos colores básicos: azul, verde, rosa, amarillo… que reflejan diferentes fuerzas y debilidades del individuo, así como sus propósitos en la Tierra. Después aparecen colores sobre los básicos que hablan de nuestros sentimientos, salud, psique… Este aura, aunque de distinta composición, también puedo sentirla a través de objetos e incluso saber de quién son.

El significado de los colores es muy amplio, pero pueden relacionarse como verde-crecimiento, azul-paz, rosa-amor gentil, rojo-vitalidad, amarillo-claridad. Si el color está por delante es que eso va a ocurrir en el futuro, si está por detrás es que ya ha ocurrido, y si rodea a la persona es que está pasando.

En realidad todos utilizamos estas habilidades, aunque muchas veces de forma inconsciente. Estas capacidades y esta sabiduría ancestral forma parte del inconsciente colectivo, de la esencia universal, de un ser divino al que llamaos Dios. **Somos espíritus en cuerpos físicos con poderosas mentes capaces de crear**. No existe la muerte, porque nuestra vida es eterna.

Estos dones se dan de forma muy fuerte y clara en los niños, quienes poseen una gran intuición y son capaces de sentir los mensajes de sus padres sin necesidad de que éstos los expresen verbalmente. No somos conscientes de la cantidad de información que transmitimos y cómo afectamos a los demás. Algunos niños son diagnosticados como esquizofrénicos cuando en realidad son capaces de contactar con realidades diferentes a las nuestras, pues captamos y absorbemos pensamientos positivos de nuestro entorno, pero también los negativos. He visto niños completamente paralizados que reaccionan con la música, son conscientes de la vida y de lo que los rodea, pero todos actúan con ellos como si fueran un vegetal y les compadecen, y esto les afecta, porque se dan cuenta de todo, incluso saben cuál es su situación. Ellos comprenden mucho mejor de lo que creemos: **los niños tienen las respuestas**.

La espiritualidad no tiene religión, sino que puede dar fuerza y profundidad a tus propias creencias. **Lo importante no es ser capaz de hacer predicciones o ver cosas, sino de llevar una vida espiritual**.

Principios de parapsicología

En todas las culturas, antiguas y modernas, encontramos aquello paranormal o milagroso, eventos que relatan los poderes psíquicos y sucesos paranormales a lo largo de la historia. Entre ellos encontramos los que el doctor J. B. Rhine denominó percepción extrasensorial, o ESP, y psicoquinesia, o PK.

Joseph Banks Rhine fue un pionero en la parapsicología de su tiempo y fundador de la Fundation of Research on the Nature of Man. Fue quien acuñó el término parapsicología junto con

William McDougal, término introducido por el médico y filósofo alemán, Max Dessoir, en 1889. Desarrolló una metodología y conceptos que han llegado hasta nuestros días.

Las experiencias ESP incluyen: telepatía, comunicación mente-mente o lectura del pensamiento; clarividencia, visión a distancia de objetos, eventos o personas, aunque visualmente hablando no los tengamos a mano; clariaudiencia, escuchar voces internas y sonidos que nos dan información y guía; clarisensibilidad, sentir sensaciones del cuerpo, propias, de otro o del ambiente; precognición, conocer eventos futuros que no pueden ser postulados de forma lógica en el momento presente; profecía, precognición con significado espiritual; psicometría, lectura de impresiones de objetos, precognición de impresiones sobre una persona dueña del objeto sólo con cogerlo.

Los fenómenos PK son efectos físicos de los poderes psíquicos y han sido investigados en laboratorios controlados, tales como: movimiento de objetos; derretir metal; cambios de temperatura; formación de nubes. De éstos existen estudios realizados en la Unión Soviética, en Estados Unidos, Reino Unido, Japón…

Los poderes psíquicos han sido usados a lo largo de los siglos de forma natural por profetas, santos y místicos para guiar a otros a través de su camino. Los científicos y artistas utilizan sus capacidades para potenciar la creatividad y la intuición que enriquece su vida y trabajo, aunque no lo hagan de un modo consciente. Es muy importante entender el potencial físico y psíquico que poseemos porque puede traer mucha luz a nuestras vidas.

La comunicación espiritual entre Dios, los ángeles, los santos, los espíritus y los seres humanos vivos, desde la Biblia, el Corán, el Bhagavat Gita y todos los libros sagrados, hablan sobre la comunicación del espíritu, es decir, lo que podría ser la telepatía en una concepción racional de las operaciones naturales de la mente humana. La telepatía es necesaria para cualquier consenso entre religión y ciencia en la realidad de la oración, la invocación y el poder del pensamiento positivo.

Para enseñar telepatía primero enseñamos a respirar, a controlarnos y a ser éticos con nuestro propio poder. Después entrenamos la capacidad de visualizar, recibir e interpretar imágenes de forma visual, auditiva, emocional y volitiva, desde el «deseo de». Relajamos cuerpo y mente para ser conscientes de nuestras impresiones y practicar en consecuencia. Elegiremos personas con quienes tengamos empatía, uno enviará y el otro recibirá. El que reciba estará cómodo, y al principio sólo trabajaremos con imágenes que su compañero de ejercicios esté viendo de forma directa.

El estado alpha de conciencia

Cada objeto posee su propia aura o influencia psíquica, la cual es sentida por la intuición de la persona que la toque. Gran parte de esa esencia será de los seres humanos que hayan interactuado con ella, con sus propias influencias y sentimientos.

Ésta es una información que no se obtiene por los sentidos normales. Hemos de entrar en un estado de relajación para llegar al estado alpha de conciencia, además de cultivar la sensibilidad de los dedos para sentir su aura, ser capaces de tomar las primeras impresiones y después continuar con el resto de las imágenes y sensaciones, las cuales pueden ser simbólicas, de modo que necesitaremos mucha práctica.

Las cartas y los paquetes que nos llegan por correo son una oportunidad fantástica para practicar antes de abrirlos, del

mismo modo que los objetos que han estado cerca de alguien durante mucho tiempo.

La grafología es el análisis de la escritura, un arte antiguo que puede ser utilizado para recabar más información sobre la persona. **Todo objeto tiene dos memorias, la inherente o personal del objeto y su existencia, y la que hace referencia a la memoria de todo lo que le ha ocurrido**. De manera que al tomar una nota, carta o documento, recibiremos información por parte del objeto, por parte de la energía residual de quien haya estado en contacto con ella y, al mismo tiempo, información directa por la forma de la escritura de quien la haya redactado.

Aprender a «ver»

La percepción y el análisis del aura tienen una larga historia experimental. Hacia 1911, el doctor Walter Kilner, del Hospital St. Thomas de Londres, ya creó dos piezas de vidrio a través de las cuales una persona podía ver tres capas que le rodeaban. Kilner dijo que el aura era un efecto magnético y de sensibilidad eléctrica que cambiaba de forma y de color según las enfermedades físicas y facultades mentales del individuo.

El doctor Harold Burr, de la Yale Medical School, estudió durante veinticinco años los campos de energía áurica, a los que llamó campos vitales, descubriendo que hasta las partes amputadas tienen aura. Dos científicos soviéticos, Semyon y Valentina Kirlian, descubrieron en 1958 el proceso de electrofotografía que permite ver los campos biológicos alrededor de las personas, animales y plantas.

El concepto de **clarividencia** varía según la persona, su significado más general **es «ver claramente»**, pero no se refiere a una visión física, sino a una percepción, una habilidad natural que puede dividirse en:

- Rayos X o capacidad de ver dentro de las cosas y los lugares.
- Visión médica o capacidad de diagnosticar problemas en el cuerpo humano.
- Visión onírica o visiones y símbolos que nos dan información a través de los sueños, ya sea dormido o despierto.
- Visión de viaje, que es aquella visión que produce un cambio en el centro de percepción, o cuando un cuerpo espiritual te da la información.

Aprender a «ver» es tan simple como sentarse en una posición cómoda en una habitación tranquila, mantener la columna recta, e inhalar y exhalar profunda y lentamente, concentrándote en cada parte de tu cuerpo para relajarla. Puedes concentrarte sin mover los ojos en la llama de una vela, en un dibujo o en un símbolo durante unos minutos. Practica las visualizaciones a diario y proyéctalas lentamente en el espacio.

Sabiduría de los sueños

Los sueños y visiones se han tenido en cuenta durante toda la historia de la humanidad. Jesús y sus discípulos tenían sueños y visiones. Carl Gustav Jung dijo que los sueños nos daban información del presente y del futuro de nuestras vidas. La mayor parte de los inventos científicos y obras de arte han tenido su inicio en los sueños y visiones, incluso trabajando en sueños donde aparecen «mágicamente» las respuestas. Robert Louis Stevenson dijo que *Dr. Jekyll y Mr. Hyde* provenía de un sueño.

No todos los sueños son visionarios. Todos soñamos —fase REM, caracterizada por el movimiento rápido del ojo—, pero no todos lo recordamos. **Los sueños espirituales y psíquicos tienen su propio lenguaje simbólico, donde el inconsciente espera para dar sus mensajes.** Estos símbolos representan otras realidades que no podemos comprender de otra manera, y nuestro trabajo es aprender a interpretarlos.

Hay símbolos universales en todas las culturas, a los que Jung llamó arquetipos; después hay símbolos que representan objetos, roles, acciones…, todos ellos determinados por nuestra cultura, religión y época. Y, por supuesto, también hay símbolos personales, individuales y familiares. **Para analizar los sueños no sólo tenemos que entender el símbolo, sino también la relación con nosotros, qué nos hace sentir.**

Los doctores espirituales

Somos seres multidimensionales capaces de desarrollar nuestro poder y potencial. Existen universos paralelos que se relacionan con los demás planos de conciencia. Mundos que coexisten con el nuestro, en la Tierra, vistos por místicos y médiums. También existen los campos vitales en relación con la conciencia y la psique, a través de los cuales se dan los procesos y fenómenos psíquicos, pues la energía psíquica es de una frecuencia más fuerte que la bioeléctrica y necesita otra clase de mecanismos. Por ello los pensamientos tienen fuerza en nuestra realidad.

Estamos compuestos por distintos vehículos:

- el físico
- el etérico o pránico
- el astral o psíquico energético
- el subconsciente o introspectivo
- el consciente o analítico conceptual
- el superconsciente o intuitivo
- el espíritu o chispa divina.

Todos preexistimos en el mundo espiritual más allá del cuerpo físico: seres humanos, animales, plantas… Nuestro espíritu es libre, puro, nunca está enfermo, no tiene taras y debemos darnos cuenta de eso. Es energía y amor puro, no existe cáncer ni alzhéimer en el mundo espiritual. **El espíritu es perfecto, no sufre, es nuestra mente la que puede crear la felicidad o la tristeza.**

Sanar es un don y un regalo, del mismo modo que lo es poder contactar con aquellos que han muerto. Puedo ver a través del cuerpo de la persona y preguntar a quienes le acompañan qué podemos hacer. Entonces, los «doctores» espirituales trabajan a través de mí y ocurren verdaderos milagros. **Somos vasijas, instrumentos, canales a través de los cuales trabaja la energía o gracia divina.** Deja que el espíritu te guíe, te atraviese y entonces entenderás; ésta es la llave para sanar y entrar en estados alterados; **cuando te dejas llevar y tienes fe, las cosas ocurren.**

Volver a la luz

Gran parte de la literatura de los dos primeros siglos de la era cristiana contiene referencias a esta clase de fenómenos. Haber experimentado tales iluminaciones era muy importante para los verdaderos cristianos y líderes espirituales.

Hoy en día parece que estamos bloqueados. ¿No sería importante que hiciéramos el esfuerzo de redescubrir las experiencias universales de la psique humana que han sido la base de muchas historias de nuestras culturas como seres humanos?

Muchos cabalistas en Israel dirían que sin este tipo de experiencias no podemos comprender del todo el mundo en el que vivimos. Este proceso y experiencia forma parte del proceso esencial de los místicos Hekaloth y Markabath, cuando decían que los grandes profetas debían ascender hacia el trono de Dios antes de poder descender para devolver la sabiduría y dar ejemplo a la gente.

Según Platón, y los consiguientes filósofos griegos, junto con las sabias tradiciones indias, **el conocimiento verdadero sólo se puede lograr mediante la iluminación, y sólo los iluminados pueden descender de nuevo a las sombras para mostrarnos la verdad**.

Hoy, sin embargo, la lógica y la observación física se han convertido en las dos únicas bases de la reducida empresa que nombramos «ciencia moderna». Como resultado, hemos desarrollado las funciones mentales lógicas, pero no las facultades intuitivas del alma. Hemos excluido mecánicamente la realidad espiritual y la salida básica de los valores humanos. **Debemos restaurar nuestro contacto con el Cielo mediante la experiencia del camino hacia la fe, de manera que podamos guiar nuestra intuición y creatividad en el mundo**.

Si no lo logramos, cuando operemos con el ego humano únicamente con la razón, estaremos atrapados por nuestras ideas intolerantes y egoístas. Olvidamos que la justicia no termina en la tumba, y creemos que debemos hacer justicia con nuestras propias manos, con nuestros propios medios o con violencia. Pero la justicia no puede ser violada, porque la justicia real se extiende más allá de la tumba hacia la eternidad, según todas las tradiciones espirituales de la Tierra.

Nuestra idea del mundo físico es una ilusión. **El mundo está cambiando constantemente, como dijeron los grandes filósofos en Grecia**. Las funciones superconscientes de la Inteligencia Divina se encuentran en cada átomo de materia del universo. Y la caída de cada uno de nosotros empieza en cuanto olvidamos quiénes somos y que tenemos grandes poderes psíquicos y espirituales.

Ésta es la situación de la humanidad.

Las experiencias espirituales, psíquicas y místicas son partes integrales del camino hacia la transformación humana y divina.

Deshacernos de las maletas

Como ya he dicho, vivimos en un mundo multidimensional y nosotros mismos somos seres multidimensionales. Somos seres humanos, pero cuando morimos dejamos el cuerpo atrás y nos convertimos en seres completamente espirituales. Del mismo modo, cuando mueren los animales y los bosques, su espíritu sigue viviendo en el mundo espiritual. Incluso en todas nuestras dimensiones y planos, podemos hablar de extraterrestres, de un mundo «mágico» en la naturaleza, de ángeles… Y podemos aprender a acercarnos y comunicarnos con todos ellos.

Todos los médiums trabajan de forma distinta. Ninguno es igual a otro. Los dones van sujetos al carácter y personalidad del individuo, así como a su situación genética e histórica. En Montreal formamos a médiums. Algunos ven, otros sienten, otros hablan inspirados… Yo me paso varias horas por la tarde orando en pranayama, después pido permiso y cuando llego a donde voy sólo prosigo si escucho un «sí» claro.

Todos los mensajes de los espíritus se pueden verificar y siempre serán positivos. No existe el mal de ojo, pero si creéis en él podréis cargaros con uno, pues el poder de nuestra mente es muy grande. Lo que sí existe son los recuerdos ancestrales. Es decir, que si hace generaciones alguien murió en una guerra, puede que sus sentimientos se manifiesten con miedos y adicciones en su línea generacional. **Pero todas estas maletas que no nos pertenecen podemos eliminarlas de nuestro equipaje**, pues no vienen de Dios, sino del hombre.

Todos venimos a la Tierra con una responsabilidad, una misión, y la del médium es **ayudar a que la persona se dé cuenta de cuál es su propósito**, los dones con los que ha nacido, etcétera. **Todos tenemos una misión, nadie viene a la Tierra para nada.**

Hemos venido a la Tierra como eternos niños de luz, pero nos hemos salido del camino. Eso es lo que significa el pecado original: que hemos olvidado quiénes somos. Creemos que somos un ser unidimensional, sólo físico, pero las energías del universo se están moviendo para que despertemos nuestra conciencia y todos los que nos rodean dicen: «Escúchame, déjame que te toque, escucha tu corazón, siente tu alma, tu espíritu. Déjanos caminar contigo y mostrarte que Dios no es un ser físico, masculino o femenino, que el espíritu no tiene género o raza».

En nuestra esencia somos niños, un espíritu eterno, como muchos santos y místicos de todas las tradiciones han dicho. Nuestro cuerpo es nuestro templo, nuestra herramienta básica. Como dijo san Pablo: **«Estamos en el templo de Dios en nuestro propio cuerpo, donde sentimos y entendemos la pre-**

sencia divina». Todos estamos conectados, somos parte del cuerpo místico.

Los ángeles, los santos, todo el reino espiritual viene a través de mí, pero también a través tuyo. Ellos existen a nuestro alrededor todo el tiempo; su presencia es parte de nuestra naturaleza. Tienen cuerpos espirituales y se comunican contigo para recordarte quién eres y cuál es tu propósito. Somos cocreadores con Dios, Dios está en nosotros, nos rodea, está en todas partes, porque somos parte del cuerpo místico de Dios.

Vivir la propia vida

Las dos emociones que causan el noventa por ciento de las enfermedades son el miedo y la culpa, pero el Cielo dice: «No pierdas el tiempo con aquello que te hace sentir miedo y culpa, sólo proclama el amor y la luz, el Uno y espíritu inmortal, el cuerpo místico».

Cuando vamos al mundo espiritual es como caer dormidos. Cada noche, durante los momentos en que soñamos, salimos de nuestro cuerpo y nos vamos con los maestros y guías espirituales, así como con nuestros seres queridos, aunque no lo recordemos al despertar y sólo seamos capaces de recuperar partes del sueño que muchas veces poco tienen que ver con la realidad, porque nuestra mente procesa las emociones que experimentamos hacia nuestro propio lenguaje.

Cada uno de nosotros es responsable de su propia vida. Si somos felices es porque hemos permitido a la felicidad entrar en ella, y lo mismo ocurre con la tristeza: es una cuestión de actitud e iniciativa. Si insistimos en cometer de nuevo los mismos errores y en pensar de forma negativa, estamos dando fuerza a esos sentimientos, y nuestro mundo es el resultado de nuestros pensamientos y acciones; cuando no dejamos de echar la culpa a otros, nos alejamos de nuestro ser superior, de nuestro propio potencial.

Nuestros guías, guardianes y maestros espirituales nos envían mensajes para hacernos saber que la vida es eterna y pueden ayudarnos. «Vive tu vida de acuerdo con lo superior y puro», permítete crear tus pensamientos y acciones diarias, comprendamos el karma o la ley divina de retribución, pues nuestros propios pensamientos y actos forman nuestro destino, nos envían al Cielo o al infierno aquí y ahora mismo.

Ser feliz implica responsabilidad, porque entonces tienes que hacer lo que debes hacer. Tras el cambio que significa la muerte, seguimos viviendo, es decir, recogiendo aquello que siembras, un principio rodeado de cábala judía y misterios de sabiduría ancestral, «perdona y sé perdonado, siente la paz y la alegría que dan lugar a la comprensión», porque entonces seremos capaces de recibir la guía espiritual.

Satisfacer el contrato

Los espíritus vienen a nosotros para comunicarnos algo, y si estamos dormidos pueden venir a través de nosotros, pero nunca en nosotros. Algunos nacemos pudiendo tocar, otros pintamos… Pero **todos somos capaces de saber la verdad**.

El miedo, la depresión y la ansiedad se manifiestan porque la gente está asustada de lo que pueda pasar después de la muerte: desaparecemos, nos convertimos en un animal… En realidad seguimos adelante. **No vamos hacia abajo ni hacia arriba, sino que ese mundo está a nuestro alrededor**. Hay escuelas, hospitales, jardines espirituales, ciudades espirituales.

Cuanto más puras son el alma y la energía, más podemos percibir ese mundo. También hay almas perdidas que no saben dónde están, buscan un lugar donde descansar y después siguen adelante.

Brian Weiss —médico, psiquiatra y autor estadounidense especializado en la reencarnación, los estados hipnóticos y las terapias regresivas—, un buen colega nuestro, nos habla en sus novelas sobre el inconsciente colectivo y la reencarnación. Lo importante es cuántas vidas nos afectan en ésta, no quiénes fuimos; qué vidas nos afectan ahora y qué experiencias. **Venimos al mundo con un carácter y una personalidad, lo elegimos todo para venir con un contrato, para trabajar, porque sabemos a dónde queremos llegar. Venimos y encontramos lo necesario para satisfacer ese contrato.**

Existen muchas técnicas para trabajar con esos miedos y limitaciones que parecen perseguirnos, aunque la que mejor me ha funcionado es la memoria ancestral y generacional.

Los abuelos y abuelas nos afectan en el plano físico, pero si nos retrotraemos y entendemos qué ocurrió, su cultura, lo que les rodeaba, descubrimos muchos de nuestros miedos y fobias. Los patrones de nuestros primeros años están ligados a ellos; debemos saber qué ocurrió en aquella época.

Por ejemplo, después de todas las guerras que hubo, ahora hay muchas personas que quieren terminar con ellas y buscan otro tipo de vida. Creo en la reencarnación, hay una tendencia a equivocarnos una y otra vez, hasta que entendemos los patrones y los rompemos, incluso en nuestra misma familia.

Si entendemos la línea de eventos —suicidios, abusos, adicciones…— podemos comprender y salir de ella.

¿Estás haciendo lo que firmaste?

Raimon Moody —médico y psiquiatra licenciado en filosofía, autor de *Vida después de la vida*, obra donde nos habla de los fenómenos ECM, o experiencias cercanas a la muerte—, amigo con quien he tenido el placer de compartir varias conferencias, es un doctor especializado en la vida más allá de la muerte que nos habla de todos estos temas.

¿Cómo vienen los espíritus? Yo no los traigo, sino que os acompañan a vosotros. **Todos tenemos espíritus que nos acompañan y quieren comunicarnos que no están muertos.**

Imaginaos que hace muchos años que no vemos a un ser querido, y de pronto, mientras vamos en coche, vemos por la ventanilla a esa persona saludando, pero es tan rápido que no puedes ni decir hola. Eso es lo que nos pasa en muchas ocasiones con ellos: están a nuestro lado, pero apenas podemos escucharlos o verlos.

Nosotros somos espíritus y vivimos en un cuerpo, tenemos una mente que crea la felicidad o la infelicidad, pero al salir del cuerpo —un proceso que dura unas tres semanas— nos encontramos con nuestros guías, maestros y familiares, quienes preparan una fiesta para recibirnos, para darnos la bienvenida.

Imaginaos que hace diez años que no has visto a tu hijo, marido, padre… Y al pasar el umbral los ves allí, dándote la bienvenida. Entonces descansamos en un jardín espiritual y después nuestros guías nos enseñan cómo funciona todo para seguir adelante con nuestra vida espiritual.

Nadie nos ha obligado a venir a la Tierra, ni venimos de forma accidental, sino que nuestro espíritu lo ha decidido. Es muy difícil nacer como ser humano, así que intenta dar lo mejor y haz lo posible por ser tú mismo, porque todos somos espíritus y sabíamos que teníamos que hacer algo, y por eso elegimos el momento y el modo de venir a la Tierra para hacer lo que tenemos que hacer. Ahora pregúntate, ¿estás haciendo lo que firmaste? ¿El dinero, el poder, las propiedades… ayudan a que llegues a tu destino? **La verdadera meta del ser humano es servir a la humanidad**.

Ejercicio para contactar con los espíritus

Ahora vamos a sentarnos con la columna recta, los hombros hacia atrás, la barbilla casi tocando el pecho, la mano izquierda sobre la derecha, intentando mantener los ojos cerrados mirando hacia dentro; ha habido increíbles experiencias sanadoras en este estado de relajación.

Respiramos profunda y lentamente, con cada respiración permitimos que nuestro cuerpo se relaje más y más profundamente. Mientras calmamos nuestro cuerpo, llevamos la respiración a cada punto concreto y dejamos marchar la tensión con un: «Mis pies se están relajando, mis pies se están relajando, mis pies están relajados…». Desde los pies a la cabeza, desde la cabeza a los pies, nos relajamos cada vez más y más profundamente.

La mente es como un lago en calma, sin olas, totalmente en calma, nos sentimos tan bien y relajados. Y decimos internamente: «Invito a mis guías espirituales a estar aquí, cerca de mí. Invito a mis seres queridos y amigos espirituales a estar conmigo. Os doy la bienvenida».

Nos relajamos cada vez más y para ello contamos hacia atrás; con cada número nos relajaremos más y más: 10, 9, 8…; qué bien nos sentimos, tan relajados, 7, 6, 5, 4…; es maravilloso sentirnos tan relajados, 3, 2, 1. Éste es el estado natural de la intuición, el estado en que podemos ver a los seres que viven en el mundo espiritual, en el que podemos saber qué decisiones debemos tomar.

Ahora repetimos internamente: «Invito a mis seres queridos a estar junto a mí». Hay algo que nunca tuve la oportunidad de decirles, quizás algo que nunca llegué a completar con una persona; pienso en esa persona y acepto su perdón.

¿Quién soy? Soy un espíritu eterno e inmortal. Siempre he vivido y seguiré viviendo. Tengo un propósito y hago todo lo mejor para completar esa misión. Cualquier cosa que haya hecho hasta hoy ha sido lo mejor bajo mis circunstancias.

¿A dónde voy? Estamos en una era de transformación, cambio y transición. Estoy preparado para ello. Paso a paso, experimento la luz divina y la alegría.

Practicaremos esta técnica antes de dormir o tomar una decisión. En este estado, preguntaremos mentalmente a nuestros guías hacia dónde vamos, y cuando nos levantemos nos tomaremos nuestro tiempo para recordar las experiencias de la noche, para estar preparados.

Y nos repetimos: «Todo lo que puedo hacer es lo mejor según mis circunstancias». Cuando damos lo mejor de nosotros, Dios hace el resto. Mientras hacemos inspiraciones profundas contaremos del 1 al 5 y abriremos los ojos, sintiéndonos muy bien: 1, 2, 3…, nos vamos incorporando; 4, 5, abrimos los ojos. Somos conscientes de cómo nos sentimos y dónde hemos estado, de cómo cambia todo. Hacemos otra respiración profunda. Cuando aprendemos a reconocer este estado, podemos aprender a contactar con los espíritus a través de nuestros propios dones.

Peldaños naturales

Todo consiste en entender y combinar distintas energías, frecuencias y sentimientos que todos tenemos y experimentamos. Cuando estoy leyendo a alguien, tengo determinadas sensaciones fisiológicas que me hablan de la persona en cuestión, y cuando veo a los diferentes espíritus es como otro lenguaje interior.

Así como en este mundo externo nos hemos asignado ciertos sentimientos y ciertos nombres, hay ciertas representaciones, ciertos modelos interiores que son tan claros para mí como el hecho de ver a las personas en un café.

De todos modos, siempre he intentado enfatizar el hecho de que evolucionamos espiritualmente —por medio de la oración, de la meditación o del yoga— y ganamos en intuición y creatividad, hasta que los fenómenos psíquicos aparecen de forma natural. Muchas personas pueden aprender a ser conscientes de las diferentes funciones de la mente y desarrollar sus habilidades. Yo soy capaz de ver a los espíritus, de saber lo que les ocurre tras la muerte y de comunicarme con ellos, pero no para todos es igual.

Como relatan muchos libros espirituales —la Biblia lo dice claramente—, los fenómenos psíquicos no dependen de los lugares, las personas, las culturas, las razas o la educación. Ser capaz de tener ese tipo de experiencias no es sinónimo de espiritualidad. De hecho, tanto el yoga como la cábala, el cristianismo místico o el budismo mahayana nos enseñan que estas habilidades pueden representar serios obstáculos para el propósito de la vida, para la autorrealización, a menos que se asienten sobre una base espiritual.

Lo que yo pediría es que si se quiere desarrollar esa habilidad se haga solamente en un contexto espiritual y como parte del vivir cotidiano. Porque todo el mundo sueña, y todos podemos aprender a reconocer cuándo nos encontramos en ese estado alpha. Todos podemos cultivar nuestra sensibilidad e incrementar nuestro grado de consciencia. Pero por muy bueno que pueda resultar saber cosas que van a ocurrir, esto no tiene nada que ver con la espiritualidad.

Sin embargo, todos los santos y místicos vivieron este tipo de experiencias. Por eso en yoga se dice: **«Lleva una vida espiritual y lo demás vendrá por añadidura»**. Cuando veas luces u oigas voces, tómalo como peldaños naturales que indican que estás en el camino, que vas hacia algún lado. Pero no te quedes estancado ahí, intentando desarrollar una determinada habilidad y olvidando el resto. Deja que las habilidades vayan surgiendo. No sólo la clarividencia, sino también la adivinación, la curación espiritual, el don de gentes o la inspiración artística.

Despertar

Muchos curanderos espirituales sólo pueden comunicarse con personas que aman a otras, con parientes que murieron, pero no son capaces de decir nada acerca de su vida presente, sus conflictos, su carácter o personalidad.

Para todo ello es necesario el entrenamiento mental y espiritual, la meditación y las técnicas de autosugestión capaces de alterar y regular los niveles de conciencia. Sólo así aprendemos a crear y a utilizar visualizaciones y el imaginario guiado para diversos objetivos, como el de sanar. El autocontrol mental y la visualización dan increíbles resultados. Con estas técnicas y ejercicios podemos llegar a tener visiones y ensoñaciones espontáneas, crear estados alterados e imágenes positivas.

Existen dimensiones, normalmente invisibles para nosotros, que con cierto entrenamiento podemos aprender a percibir. **Se trata de despertar**. Muchas de nuestras intuiciones no son físicas, sino que más bien proceden de otras realidades y dimensiones espirituales que impregnan la nuestra. En este sentido, es interesante leer el trabajo sobre la comunicación espiritual de Carl Jung y los trabajos sobre experiencias cercanas a la muerte de Elisabeth Kübler-Ross y Raymond A. Moody.

Mis guías personales

Los niños me inspiran y gracias a ellos me he dado cuenta de que **todos nacemos con un grupo de guías**. El primer guía lo conocí cuando era muy pequeña. Ella se me mostró como una niña india y se llama Daisy, a quien ya he presentado. Me contó que su madre le había puesto ese nombre porque por tradición las madres ponían a su hijo el nombre de aquello que ven después de dar a luz, y su madre vio una margarita (*daisy* en inglés).

Ella es mi encantadora guía, y todos tenemos uno, **contamos con un grupo de espíritus unidos a nosotros que nos dan fuerza y nos protegen**.

Mi guía protector es Little Father, un hombre indio con vibración roja. Los guías vienen con distintos colores y vibraciones, cuando la gente medita y ve un color, no sólo es un color, sino que está ligado con el aura y sus guías. A mi derecha tengo un guía que está ligado a la claridad mental y se llama doctor Beatle, y siempre viene con la vibración amarilla. También tengo un guía sanador, que viene con la vibración azul, y se llama Hermana Agatha.

Todos tenemos guías ligados a la energía, y uno de ellos se encarga de ajustar nuestra energía a los cambios de la Tierra.

Este guía viene con la vibración naranja y es el responsable de las energías, de su vibración y su química. En mi caso es el maestro Maevan. Con la vibración púrpura y dorada, normalmente conectada con el tercer ojo, para mí viene el maestro Shiva. Y mi guía universal es Jesús. **Básicamente tenemos un grupo de siete guías: cinco están con nosotros toda la vida y los otros trabajan con millones de personas distintas a la vez.**

Todo el mundo nace con esos guías, y podemos aprender sobre ellos e invitarlos a trabajar con nosotros. Nadie nace ni vive solo, nos acompañan toda la vida, es nuestro karma, eligen estar con nosotros. Nadie muere solo, pues los guías están siempre con nosotros, pero además vienen los seres queridos; podemos verlos a todos.

Cuando acompañamos a alguien durante el trance de la muerte, es bueno hablar con ellos, decirles que les añoraremos físicamente, pero que siempre les querremos y que es su hora de partir. Durante los días siguientes intentarán mostrarnos que siguen aquí: escucharemos pasos, algunas cosas se romperán o dejarán de funcionar, las puertas se abrirán solas…

En la tradición judía tapamos los espejos, porque atraen a los espíritus y queremos que sigan adelante. Durante este periodo oramos y les pedimos que sigan adelante, ponemos velas durante siete días y les hablamos sobre las cosas bonitas que sentimos por ellos. **Todos los espíritus observan su funeral, porque todos nos vemos morir.**

Almas gemelas y pareja espiritual

Cuando hablamos de amor de forma espiritual, hablamos normalmente de parejas espirituales. Hemos escuchado muchas veces la frase: «Es como si le conociera desde siempre», una sensación que a muchos nos ha ocurrido y que relacionamos con el amor predestinado, pero la realidad es que confundimos las almas gemelas con la pareja espiritual.

En la vida tenemos muchas almas gemelas, que hemos conocido en otras vidas y situaciones. Por ejemplo, muchos de mis niños están conectados conmigo y nos conocemos de otras experiencias. **El problema llega cuando confundimos estas almas gemelas con la pareja espiritual, pues ése es el motivo por el que muchas parejas no funcionan**.

Con las almas gemelas tenemos esa sensación de reconocimiento, pero **la pareja espiritual es aquella que nos completa**. Mi marido y yo éramos —y somos— una pareja espiritual, y puedo aseguraros que cuando la conoces no hay rabia, rencor ni celos, eso no existe, sólo quieres ayudarle en su camino.

Al conocernos éramos muy distintos, pero siempre nos apoyamos mutuamente.

Cuando alguien nos dice que se conocía de antes, les aclaro que la verdad es que **todos nos conocemos de antes**. En el mundo espiritual lo importante es qué experiencias son necesarias para realizar tu meta y cuáles no. Tenemos que discernir qué tipo de relación vamos a tener con cada persona; qué es una relación en realidad, cuáles son los niveles, diferenciarlas.

Se trata de confiar, de crecer y de sentirnos seguros. **Necesitamos amar y cuidar, todos tenemos esa necesidad, pero mucha gente entra en una relación con esas necesidades sin darse cuenta de que la otra persona no está en el mismo nivel de autorrealización**, así que uno de los miembros de la pareja ayuda al otro y, cuando éste se vuelve más fuerte y es capaz de seguir solo su camino, la relación deja de funcionar y se rompe; porque **todos somos maestros y alumnos al mismo tiempo**.

Hay mucha gente con dificultades para encontrar pareja y eso sucede cuando no entendemos quiénes somos. Es cuestión de la herencia generacional. Las características físicas y necesidades vienen de la genética y la herencia. La sensibilidad viene de los padres y de los abuelos. Los miedos, fobias y adicciones vienen de antes de ellos, de tres o cuatro generaciones atrás.

Cuando necesitamos a alguien, pero no lo entendemos, entramos en una relación codependiente y con abuso; esto sólo podemos cambiarlo cuando entendemos que tenemos que aprender quiénes somos y cuáles son nuestras necesidades, reconocer nuestra fuerza y debilidad.

Entrar en una relación no significa controlar o cambiar a la persona; tenemos que **ayudar al otro a convertirse en quien quiere ser**. Cuando somos niños siempre nos dicen: «Si haces esto te pasará esto», y eso también ocurre en las relaciones. **Para encontrar a alguien necesitamos entendernos, saber quiénes somos, para no entrar en una relación traumática**. Entender nuestro carácter, cómo funcionamos, qué es cómodo y bueno para nosotros, para que sintamos que estamos completos.

La dulce muerte

Una pequeña guía para actuar cuando alguien muere en nuestra familia constaría de unos pocos pasos sencillos que ayudarían al alma a irse, así como a nosotros a aceptar con paz y amor el suceso.

Nacemos con un número de respiraciones y el alma sabe cuándo ha de irse, y en ese momento, pase lo que pase, deja el cuerpo. Cuando faltan unos tres días para que el alma salga, empieza el viaje de la muerte; vemos nuestra vida, familiares, sucesos importantes…

Entonces es importante pasar algunas horas con nuestro familiar, así como permanecer junto a él después del fallecimiento, pues **el espíritu tarda tres semanas en dejar del todo el cuerpo y el lugar. Debemos continuar hablándole sobre cuánto le queremos, y hacerle entender que era su hora**.

Cuando el alma está lista, el amor les hace ver a los seres que quiere y esos seres que le quieren vienen y se lo llevan. Es por eso que los moribundos que están en paz sonríen. **Es bueno hablar con ellos durante las veinticuatro a setenta y cuatro horas que pasan hasta que el espíritu se separa del cuerpo**, pues durante esas horas está muy cerca de quienes le acompañan en el mundo físico.

Recemos para que todo lo que hagamos esté de acuerdo con nosotros mismos. No pensemos que hice algo o dije algo mal, porque siempre hemos hecho lo que considerábamos mejor. Éste es el momento en que todos los niños de luz hemos de seguir el camino, todos somos espíritus perfectos. Para morir en paz debemos aprender a estar en ese estado interno.

La sabiduría del yoga

Creo mucho en el yoga porque su práctica —tanto física, mental como espiritual— me ha ayudado mucho a lo largo de mi vida. Sinceramente soy una defensora de sus bondades, y por eso doy conferencias y cursos donde explico qué puede conseguir, especialmente con el miedo y la ansiedad que nos atenazan.

El yoga ayuda, mejora y potencia la concentración y la creatividad, además de aportar control interior sobre nuestra conducta, y por supuesto una gran flexibilidad y paz interior. Si fumamos o tenemos alguna adicción, si últimamente estamos muy nerviosos o sufrimos estrés, la práctica del yoga puede ser la solución, pues no sólo se centra en el cuerpo, sino que también trabaja la mente y el espíritu.

Quiero hablaros un poco del espíritu. Como decimos en yoga, no somos el cuerpo, **no somos la mente, somos existencia, conocimiento y absoluta fe, estamos aquí con un propósito divino**. Nadie nos ha hecho venir.

En mi trabajo en el campo de la psiquiatría estoy acostumbrada a escuchar un discurso repetitivo en la gente: dicen que las cosas no les salen bien porque sus padres hicieron esto o aquello, y cuando eso no les funciona echan la culpa al psiquiatra o al psicólogo, para después atacar directamente al mundo espiritual, eso sí, siempre omitiendo el hecho más obvio, que **somos responsables de todo lo que hacemos**.

Los espíritus no nos pueden hacer nada porque existe una responsabilidad propia, nadie nos obliga a venir a la Tierra. Un día mi querido maestro Sivananda me dijo que es muy difícil nacer, así que **debemos intentar hacer todo lo que podamos en esta vida para ser felices**. Todos fuimos espíritus, nos conocimos y sabíamos que estaríamos aquí porque somos necesarios en este momento.

Mucha gente cree que el yoga es sólo otro sistema de ejercicios físicos, pero es mucho más que eso. De hecho, es el sistema de sanación holístico y de desarrollo espiritual más antiguo del mundo, el cual fue desarrollado en la India hace siglos para la integración completa de la persona: **cuerpo, mente y espíritu**.

Las distintas escuelas de yoga

Yoga proviene de la palabra en sánscrito *yug*, que significa esencialmente lo mismo que religión, es decir, integrar el cuerpo, la mente y el espíritu humano para ser uno con la divinidad. Pero el yoga no es una religión, es una ciencia antigua del cuerpo y de la mente que cree que podemos estabilizar nuestra naturaleza y espíritu.

En la India hay muchos tipos de yoga. Cada uno sirve a distintas necesidades, personalidades y psiques, utilizando diferentes técnicas para alcanzar una mayor consciencia:

- *Hatha Yoga*. Ejercicios y posiciones físicas para ganar control sobre el cuerpo físico equilibrando la energía vital del cuerpo que afecta a la mente, incluyendo posturas, ejercicios de respiración, concentración, meditación, pensamiento positivo.

- *Raja Yoga.* Sistema de meditación para autorregular el cuerpo y la mente, para que el ser verdadero o espíritu divino controle a la persona.

- *Bhakti Yoga.* Devoción o amor hacia la manifestación de lo divino a través del trabajo, ya sea cantando, orando para hacerse uno con Dios; algunos yoguis ven el cristianismo como un tipo de Bhakti Yoga.

- *Japa Yoga.* Algunas veces conocido como mantra yoga, con repeticiones de mantras, palabras, oraciones, frases, el nombre de Dios… para alterar el estado de consciencia y unirse con lo divino.

- *Kundalini Yoga*, o *Iaita Yoga*. Meditación en la que la energía psíquica se centra en el cuerpo con ejercicios de respiración y posturas para activar la kundalini o energía básica del cuerpo, energía que asciende a través de los chacras o centros del cuerpo para incrementar la fuerza vital y la conciencia de realización divina.

- *Jnana Yoga.* Es el yoga de la sabiduría, el camino para unirse con lo divino a través de la comprensión espiritual íntima con Dios y la realidad del absoluto.

Ocho etapas hacia la sabiduría

En el sistema básico desarrollado por Ptanjali en el año 300 había ocho etapas en el camino espiritual, las cuales comprendían disciplinas para la moral, el físico, la psique y el espíritu:

- *Yamas* o abstención de comportamientos negativos.
- *Niyamas* o la observación de los comportamientos y cultivo de la virtud.
- *Asanas* o posturas físicas para mantener la salud y el balance de las energías entre mente y cuerpo.
- *Pranayama* o ejercicios de control de la respiración, respirando prana o energía vital y regulando los estados de conciencia.
- *Pratyahara* o disciplina mental y atención.
- *Dharana* o el arte de la concentración en un solo objeto, imagen o sonido para focalizar la mente.
- *Dhyana* o meditación para permitir brillar a la mente superior y la chispa divina.
- *Samadhi*, la experiencia pura, conciencia y experiencia de unión con Dios, que es la meta final de la meditación y el yoga.

El yoga es un sistema completo de autointegracion y unión con lo trascendente. Éste se desarrolló en la India, pero sus técnicas pueden encontrarse en todas las tradiciones. La cábala judía, por ejemplo, posee algunas técnicas físicas y de meditación que se han desarrollado para realizarlas al mismo tiempo que la oración y la vida litúrgica.

Por mi parte he descubierto que, sin importar nuestra edad, capacidad intelectual, procedencia o necesidades, **el yoga en niños y adultos ofrece efectos positivos en la atención, la concentración, la flexibilidad, la memoria visual y auditiva, además de en las relaciones**.

Cuerpo, mente y espíritu

Mi trabajo consiste en encontrar el punto de unión y comunicación entre las religiones del mundo, la ciencia, la espiritualidad y los valores del ser humano. Gracias a mi trabajo en psiquiatría como terapeuta infantil y profesora de educación especial en Canadá, tengo un riguroso acercamiento científico a los cambios de comportamiento y problemáticas en niños con disfunciones emocionales y del aprendizaje.

Además, poseo dones espirituales que me permiten trabajar con más profundidad en los problemas de aquellos que vienen a mí en busca de ayuda, y **muchas veces no somos conscientes de lo que podemos llegar a hacer hasta que ocurre**.

El milagro de Tayja Wiger

Esto fue lo que pasó con el extraordinario caso de sanación de la ceguera de Tayja Wiger en 1984, una chica india nativa americana medio sioux que ahora es la chamán de su gente.

Tayja vino al Spiritual Frontiers Fellowship del campus del Carleton College en Northfield, acompañada por su perro lazarillo *Daisy*. Fue allí donde nos conocimos. Nació casi ciega en

Minnesota en 1954 y durante su infancia sufrió abusos sexuales por parte de su padre, seguidos de terribles ataques epilépticos, hasta que a los diecisiete años dejó de ver por completo.

El incidente ocurrió durante un servicio espiritual en la capilla de la universidad aquella misma tarde.

Yo había sido invitada junto con mi marido a un retiro de trabajo y nos pidieron que participáramos en el ritual de imposición de manos que se celebraría más tarde en la capilla. Después de rezar, acompañados por la música del órgano, colocaron una larga hilera de sillas donde algunos permanecimos de pie tras los respaldos para colocar nuestras manos sobre los hombros y la cabeza de quienes ocuparan las sillas. Curiosamente, en la segunda ronda, Tayja se sentó en mi silla, dejando una vacía junto a ella, y digo curiosamente porque había tenido que dejar a su perro lazarillo fuera y se guió por el tacto, dejando justamente el primer asiento vacío y sentándose frente a mí.

Entonces nos tocó imponer las manos, pero antes yo me relajé y recé, fue en ese instante cuando mi marido se dio cuenta de que había entrado en un estado alterado de conciencia. Después de mi oración sentí cómo algo cambiaba y coloqué mis manos sobre ella, empezando a vibrar como si una gran y poderosa energía me atravesara.

Recuerdo una voz en mi interior que decía una y otra vez: «Abre tus ojos, puedes ver», pero según mi marido, quien no dejó de vigilarme durante la sesión, esas palabras salían de mis labios. Pude sentir la fuerza de la gracia divina dentro de mí y vi al maestro Sivananda acompañándome.

Sentí cómo este querido maestro y otras presencias espirituales me guiaban. Mi ser se hizo uno con ella durante unos segundos. Nuestro corazón palpitaba al mismo ritmo, respirábamos a la vez, nos sincronizamos, y de pronto ella se levantó. Miraba a su alrededor y, levantando cada vez más la voz, decía: «Puedo ver, ¡puedo ver la luz! ¡Puedo verte! ¡Puedo ver! ¡Dios es real!»

Tayja pidió que la lleváramos fuera y por primera vez pudo ver los árboles en todo su esplendor y conocer la imagen de su perro *Daisy*. Era como un bebé que empieza a conocer el mundo que lo rodea.

Según nos contó Tayja, mientras tenía mis manos sobre ella sintió cómo la fuerza vital la atravesaba y ésta cambio su vida. Tras su propia cura asegura haberse sentido bien física y mentalmente por primera vez en su vida. Explicó: «Creo que el canal de fuerza que pasó a través de mí fue conducido por espíritus guías y muchos otros presentes, produciendo una increíble energía sanadora».

Después de recuperar la vista, Tayja acudió a distintos doctores y oftalmólogos que declararon que la mujer ciega que los había visitado con anterioridad ahora podía ver. Entonces ella sintió que su destino era ser chamán, una figura importante en muchas culturas, incluida la nativa americana. El chamán es un médico sacerdote con el poder de curar el cuerpo físico, la mente y el espíritu mediando espiritualmente entre ambos mundos. De este modo, después del milagro, Tayja se convirtió en chamán que realiza sesiones curativas con regularidad.

No hay explicación científica, a pesar de que pasó por numerosos tests antes y después del milagro. Se demostró que **el espíritu puede reconstruir la materia**; ella estaba preparada para ser sanada, y Dios y el universo se pusieron de acuerdo para hacerlo posible.

La visión y aparición de ángeles, santos y otros altos seres espirituales de luz que tienen increíbles historias de sanación aparecen en todas las religiones del mundo. Éste es el motivo de que combine la medicina científica con la psicología y la espiritualidad.

Uno puede sanar el estrés con su propio poder sanador. Está demostrado que la fuerza de la fe puede realizar curas inexplicables para la ciencia y eliminar la tensión psíquica puede sanar muchos aspectos físicos. Por ejemplo, no existe ninguna prueba que desvincule la ceguera de Tayja de motivos físicos y psicológicos —debido a lo que le ocurrió durante su infancia—, pues antes de acabar ciega por completo algunos doctores diagnosticaron que podía ser nervioso, cosa con la que ella estuvo de acuerdo mucho más tarde, ya que la ceguera nerviosa produce los mismos síntomas que la física y es resultado de un estrés severo.

De este modo, es muy posible que la imposición de manos la ayudara a romper con ese estrés que había inducido su ceguera. La cura no sólo sanó sus ojos y mente, sino también su vida. Se había convertido en una adicta a las drogas, en una alcohólica, en una criminal con desordenes psicológicos y nerviosos, y fue diagnosticada como esquizofrénica en 1980 antes de la ceguera completa en 1981. Ese mismo año empezó a asistir a clases con el Blind Awareness Project en Minnesota, una organización que intentaba hacer ver a las personas invidentes a partir de sus dones ESP (percepción extrasensorial). Así fue como nos conocimos, en 1984, en unos ejercicios de ESP durante un retiro con el Spiritual Frontiers Fellowship en el Carleton College de Northfield, cuyo último evento era un servicio de sanación en la capilla en la que nos reunimos más de seiscientas personas. Es increíble cómo se ordenan las cosas en el mundo espiritual para que unos y otros acabemos realizando nuestro destino.

El caso de James

Otra de las increíbles historias que me han ocurrido tiene como protagonista a James, un niño que había sido diagnosticado por psiquiatras del Montreal Children's Hospital como esquizofrénico. Cuando le conocí sólo había sido capaz de aprender a escribir su propio nombre y todos estaban convencidos de que pasaría toda su vida en instituciones mentales, aunque yo no lo vi de ese modo.

Cuando le vi por primera vez, el pequeño estaba sentado ante una ventana con las manos caídas a los lados, meciéndose y repitiendo: «El gran autobús da vueltas y vueltas, y las ruedas del autobús dan vueltas y vueltas». Tras observarle atentamente me di cuenta de que el análisis que le habían realizado había sido superfluo, y que su problema era motor. Había energía errática tras su cabeza y alrededor de todo su cuerpo, puntos de energía coloreada radiando de él y de su espina dorsal psíquica, mientras que físicamente su columna estaba perfecta, es decir, que le ocurría algo con sus habilidades para moverse.

Siempre que miro a alguien, aparecen los distintos patrones de colores alrededor del cuerpo. Si hay algo mal físicamente veré un patrón concreto en ese lugar, y la distancia de ese color del aura me indica si ocurrió en el pasado, si se da en el presente, o si ocurrirá en el futuro. La lectura de auras aparece en muchas historias y literatura como lectura de las energías sutiles del cuerpo. La enfermedad se presenta antes en esta manifestación prefísica y después llega al cuerpo.

Para hacer un diagnóstico me centro primero en el aura, después escucho sonidos y voces, para ver qué tienen que decir, después tomo a la persona de la mano y capto impresiones emocionales y qué la rodea. Puedo ver también de forma normal, aunque siempre intuyo un patrón energético en el plexo solar: energía moviéndose en esa zona. Si es errática, sé que la persona está tensa o tiene problemas. Se trata de una forma más sensitiva de acercarme a ellos.

Soy capaz de ver a los espíritus tras la gente y, respirando profundamente y concentrándome, puedo hacer que se pongan ante la persona por quien se han sentido atraídos. Ellos me dan mucha información. Cuando quiero que una entidad siga adelante la invitó a hacerlo, pero eso no significa que acepte necesariamente. Cuando escucho cosas me las tomo literalmente, pero cuando veo información la interpreto simbólicamente.

James tenía habilidades psíquicas. Cuando escuché atentamente sus conversaciones con personas imaginarias me di cuenta de que realmente veía y oía. Un día le escuché decir: «Pum, pum, pum, mamá cae por las escaleras. Escucho la sirena». Durante aquel mismo día me enteré de que la madre del pequeño había sufrido una caída por las escaleras y de que en aquel momento estaba en el hospital.

Al investigar más sobre su comportamiento y capacidades psíquicas, me di cuenta de que los patrones de luz extraños que había visto en James me indicaban que tenía dones. En las personas siempre veo una banda oscura que rodea la cabeza y los hombros, pero en quienes son psíquicos, no. Es como si en ellos todo fuera más claro y transparente, con una vibración mucho más alta. Un esquizofrénico tiene un patrón muy concreto, pero lo que sufría James era un desequilibrio químico. Le pusimos un programa megavitamínico y después le enseñé a desconectar sus impresiones psíquicas para poder concentrarse sólo en lo que tenía enfrente.

Ruth y Brian: dos sanaciones infantiles

Yo desarrollé mis propios dones gracias a Mamie Brown, médium y ministra de la Iglesia espiritualista en Philadelphia, una mujer de más de ochenta años que me guió durante diez. También estudié yoga con Swami Vishnudevananda, y utilizo muchas de estas técnicas con niños para que puedan desarrollar sus habilidades además de relajarse.

Todos tenemos necesidades físicas, emocionales, sociales y espirituales.

Al principio me cuidé mucho de mostrar mis dones en mi trabajo, pero lentamente, al ver la mejora de los niños, fueron mis compañeros quienes quisieron saber más.

Otro caso interesante fue el de Ruth, una niña diagnosticada como retardada y epiléptica, pero que al observarla me di cuenta de que su aura mostraba un color amarillo que no debería estar ahí si realmente tenía daños cerebrales. Así que pensé en retirarle las píldoras para la epilepsia y entonces ella me dijo que había tirado sus pastillas por el retrete y que no se lo dijera a su madre. Después de convencer a su madre para que no la riñera, hablamos con un médico que le suprimió la medicación y Ruth nunca mostró signos de epilepsia.

El caso de Brian también fue mal diagnosticado y tratado. El pequeño Brian era un paciente interno de la clínica psiquiátrica del Montreal Children's Hospital, diagnosticado como problemático, con un desorden de comportamiento y un carácter destructivo. Cuando le miré atentamente, vi el número tres tras él, entonces decidí probar y le envié una pregunta mental. Y cuál fue mi sorpresa cuando recibí la respuesta de que su problema consistía en que estaba frustrado porque no sabía leer y que todos sus problemas podían solucionarse si aprendía. Fueron tres las sesiones que tardamos en que empezara a hacerlo y sintiera confianza en sí mismo. Ahora Brian ya tiene dieciséis años y va muy bien en sus estudios.

Lo real y lo imaginado

Demasiado a menudo los médicos responden a síntomas externos ignorando todo lo demás. Cuando yo veo a la persona puedo ver qué ocurre antes de fijarme en las manifestaciones, y en muchas ocasiones el problema es psíquico, de manera que el niño puede aprender a controlarlo, incluso puedo enseñarle a hacerlo.

Muchas de las visiones que tiene la gente son consideradas como alucinaciones, pero cuando las examinas te das cuenta de que son percepciones. **Podríamos ayudar más si comprendiéramos y estimuláramos nuestras capacidades psíquicas.**

En una ocasión, durante la década de 1960, el jefe de residentes del New York's Bellevue Hospital me llevó a dar una vuelta por el hospital y me mostró una zona donde se encontraban aquellos que habían jugado con las habilidades psíquicas, quienes habían abusado de su cuerpo haciendo viajes con drogas e intentando desarrollarlas muy rápido hasta llegar a convertirse en esquizofrénicos.

En realidad, **si nos guiáramos por nuestra intuición podríamos ayudar mucho sin correr ningún riesgo innecesario.**

En todas las historias hay excepciones. Una vez conocí a un niño que tenía alucinaciones. Cuando vino a verme con su madre, el pequeño me habló de tres entes con los que hablaba, y que uno de ellos atravesaba la pared yendo y viniendo a su voluntad.

Estudié el comportamiento del niño así como lo que le rodeaba y me di cuenta de que uno de ellos, el que iba y venía, era real, pero que los otros dos los había creado él mismo, pues veía unas flechas de energía que salían de su cabeza y se unían con las manifestaciones. Estos niños pueden llegar a ser esquizofrénicos, pero con buena terapia y reeducación tienen remedio.

El poder de imaginar

Todos los mundos han sido creados con el pensamiento. Puedo ver cómo se forman mentalmente, por los pensamientos y sentimientos de las personas, el amor o el odio. **Antes de ayudar a ningún niño debemos aprender a controlar nuestras propias emociones, pensamientos y reacciones de forma positiva**. Del mismo modo han de hacerlo los maestros y las familias.

Los niños con problemas son perseguidos en las escuelas por profesores y compañeros insensibles que no entienden su actitud, algo que por desgracia también ocurre muchas veces en su casa.

Hasta hoy hemos creído que las funciones de la educación son la transmisión de la cultura, las capacidades, los valores y las creencias de nuestra sociedad para formar trabajadores, pero deberíamos formarlos para ser personas que se preocupen y contribuyan en una sociedad con un orden armónico y feliz.

La educación hasta ahora nos ha enseñado a ser capaces de comunicarnos y liderar a través de conceptos abstractos como la escritura y las matemáticas, pero estas habilidades pueden ser utilizadas tanto para el bien como para fines egoístas.

Es necesario desarrollar la conciencia además de las habilidades.

La respuesta está en desarrollar una educación holística, que aproveche nuestras capacidades imaginativas y creativas para ayudarnos a concentrarnos y atender en nuestras tareas de aprendizaje. Ejercicios como la respiración consciente, el yoga, la meditación, los ejercicios físicos y mentales diarios, el *biofeedback*, la música, mantienen despierta nuestra mente y energía, así como nuestra atención.

Elise M. Boulding, profesora de sociología en el Dartmouth College de Hanover, Estados Unidos, dice que los estudios neurofisiológicos demuestran que las imágenes son experiencias sensoriales que ocurren en los ojos, los oídos y la piel de nuestra mente; no son fotografías mentales sino construcciones originales. **Imaginar tiene la capacidad de construir nuestro escenario, es una cualidad experiencial que ha de ser trabajada y procesada activamente**. Hay que ser disciplinados con esta capacidad, porque imaginar está en medio de todos los sentidos, poniendo todas las experiencias juntas.

Elise M. Boulding fue socióloga Quaker y escritora, importante contribuyente a la creación de la disciplina académica de la Paz y Resolución de Conflictos. Su enfoque holístico y multidimensional de la investigación para la paz la distingue como activista en varios campos, y sus obras abarcan desde la discusión de la familia como fundamento de la paz, a la espiritualidad para reinventar la comunidad internacional en una «cultura global».

Nuestra conciencia evoluciona diariamente para descubrir a cada momento lo que sabíamos intuitivamente, porque pensar es un proceso vibratorio en movimiento de imágenes que aparecen y son sentidas por todo el cuerpo. Somos conscientes porque somos capaces de ver y aprender de nuestra imaginación; somos esencialmente seres que crean su mundo a partir de imágenes, creando nuevos significados para comunicarnos y reconocer lo que nos rodea. Por ejemplo, sabemos que Einstein era capaz de resolver complejos problemas con su habilidad de percibir el trabajo de forma interna a través de imágenes; las palabras e ideas lógicas venían después. La interacción de imágenes es la fuente del pensamiento, las palabras que utilizamos son una herramienta del pensamiento, porque pensar es sinónimo de ver y sentir en nuestra mente.

Los dos hemisferios

La creatividad y su relación con el hemisferio derecho del cerebro ha sido sujeto de estudio, no sólo por científicos, sino también por aquellos que desean estimular la imaginación de forma eficaz. Los estudios neurofisiológicos de Roger Sperry (filólogo y psicólogo inglés que recibió el Premio Nobel de Fisiología y Medicina en 1981 por sus trabajos sobre las funciones de los hemisferios cerebrales), Joseph Bogen (neurofisiólogo especializado en la investigación de la esquizofrenia y centrado en las teorías de la conciencia), y Michael Gazzaniga han revelado que cada hemisferio procesa la información de forma distinta y tiene sus propias especializaciones.

La conexión de ambos hemisferios hace posible observar cada uno de ellos de forma separada, y se ha demostrado que el lado izquierdo se especializa en lo verbal, analítico, literal, lineal, matemático y lógico, mientras que el derecho en lo no verbal, lo holístico, espacial, musical, imaginativo, en la metáfora artística y visual, y en la percepción espacial.

El hemisferio derecho representa los sentimientos, el habla y el lenguaje afectivo, así que un bloqueo entre ambos hemisferios corta la creatividad del individuo, aunque existen técnicas para estimularlo, las cuales incluyen la concentración, escribir sin dominar la mano, la imaginación guiada y la fantasía, la estimulación sensorial, los sueños, la asociación libre, las afirmaciones…

El empleo del yoga, las visualizaciones y la imaginación guiada aporta beneficios desde el principio. **La relajación potencia nuestro trabajo imaginario y libera la energía creativa** de los profesores y los alumnos. Hay mejoras cognitivas y aumenta la capacidad para calcular, deletrear y memorizar, además de potenciar la motivación, la calma y el control de las emociones porque nos hace conscientes de nuestros propios sentimientos, así como de nuestro cuerpo y mente.

Todos los niños tienen la capacidad de imaginar, centrarse y relajarse para reducir el estrés, desarrollar su creatividad e intuición, así como sus capacidades de aprendizaje. Estas capacidades están presentes en todos los niños sin importar de dónde vengan o en qué crean. Los profesores y familiares son la llave que afecta principalmente a su educación y proceso de aprendizaje, y las técnicas holísticas pueden ayudar de forma efectiva a mejorar tanto el ambiente de estudio como las capacidades del emisor y el receptor.

Dios vive en nosotros

Nos decimos demasiados «noes»: «no hagas eso» o «no te comportes así», en forma de órdenes. Parte de mi trabajo es preparar a la gente para cambiar su comunicación, que a menudo inhabilita nuestra propia guía interna desde la infancia.

Muchas veces olvidamos la verdadera comunicación, aunque podemos reconocerla y recuperarla. **En el comportamiento,**

la comunicación no verbal tiene un ochenta por ciento más de importancia que la verbal, así que tenemos que ser conscientes de cómo nos comunicamos.

Los médiums, chamanes, curanderos, profetas…, quienes hemos sido llamados por muchos nombres, desde genios, por aquellos que nos escuchan, a diabólicos, por quienes nos temen, hemos utilizado siempre estas capacidades. Pero estos dones son parte de la naturaleza humana, es un conocimiento interno.

La vida es parte de un ciclo, como dice la cábala. Mi abuela solía decirme: «**Todo en la Tierra es parte de un proceso, parte de un camino para hacerte saber que Dios no está solo ahí arriba, pero tampoco aquí abajo, sino que vive en ti. Dios vive en nosotros**».

Nosotros somos quienes elegimos nuestra conciencia, nuestra felicidad o tristeza, nuestra salud o enfermedad… Pero cuando comprendemos que no somos el cuerpo, entendemos que existe algo más que nunca se pone enfermo. Por eso mismo **debemos aprender a borrar de nuestro vocabulario afirmaciones negativas como «Estoy enfermo»** y, en todo caso, decir: «Mi cuerpo tiene un problema» o, aún mejor, afirmar: «Tengo una salud perfecta. Soy quien soy a imagen de Dios. Soy eterno e inmortal».

Un nuevo mundo

Podemos leer en el Evangelio que Jesús dijo: **«El Reino del Cielo está con nosotros»**, así como los budistas y los hindús lo han dicho durante años, pero **hasta que no lo experimentemos nosotros mismos de forma física o espiritual, no sabremos realmente si es cierto o no**.

En una de las conversaciones que tuvo Jesús con el rabino Nicodemus, éste le dijo: **«A no ser que vuelvas a nacer otra vez, no verás ni oirás ciertas cosas»**. Jesús hablaba, pues, de la necesidad de renacer para estar abierto a la espiritualidad, puesto que antes de ello uno se encuentra bloqueado.

Tres pasos hacia la espiritualidad

El despertar es el primer paso para la vida espiritual.

El segundo se halla en la transformación que incluye la purificación, una mente calmada y el desarrollo de una conciencia pura mediante la repetición y confesión de pecados, de manera que el sentimiento de culpabilidad quede limpio y no pueda hacer de barrera entre nuestro superconsciente y el espíritu de Dios en nosotros. Éste es un estado, no solamente de Juan Bautista y de

Jesús en Occidente, sino también de muchos practicantes de yoga, que anulaban así cualquier pensamiento y acción negativa.

Finalmente, llegaremos a la reconciliación y la unión con la deidad para la iluminación. En otras palabras, aceptando al Mesías o Cristo, el Espíritu Santo podrá hacerte llegar a la verdad.

En muchas ocasiones, el despertar ocurre cuando aparece un guía de luz que nos muestra el camino —tal y como indican los sufís, por ejemplo en el libro de Henry Corbin, *The Man of Light in Iranian Sufism*—. Los ancianos esenios y agnósticos de la era cristiana primitiva también hablaron de ello. Fue precisamente lo que le sucedió a san Pablo de Tarso de camino a Damasco, cuando la luz le dio una perspectiva totalmente nueva.

Inmediatamente después de la aparición de la luz externa, aparece **la luz de Dios que vive dentro de uno mismo**. Es entonces cuando reconoces que, en efecto, te has convertido en el templo del Espíritu Santo, o en palabras de san Pablo: **«¡Descubres que Dios vive dentro de ti!»**

El mundo que viene

Ahora nos encontramos en un periodo de transición, de cambio, y éste se está ocasionando con confusión. El planeta sufre alteraciones de temperatura, sin ir más lejos. Todo eso está trayendo transformaciones.

El mundo no va a tener un final. Lo que sí va a terminar es la mentira, las guerras, la lucha entre unos y otros. Vamos a trabajar para ello. Ahora mismo hay muchas guerras, pero ninguna es «palabra» de Dios ni parte de nuestra misión. Venimos a la Tierra con un propósito especial y por eso hay tantas personas interesadas en la espiritualidad. **Llegará la paz**.

El mundo está cambiando, las reglas están cambiando y por eso muchas personas se sienten agotadas, deprimidas, cansadas… Si no somos capaces de controlar nuestra energía, no seremos capaces de controlar lo que viene. **Un don espiritual no nos agota**.

Estamos llegando a un momento en que experimentaremos la luz que hay en nuestro interior. Los próximos años viviremos ese cambio. Esto significa **la separación de la verdad y de la mentira, de la luz y de la oscuridad**.

Los espíritus me dicen que en vez de lo que estamos viendo ahora, estemos donde estemos —hay alrededor de cincuenta y seis guerras en marcha—, vamos a experimentar paz y respeto, así como el deseo y voluntad de ayudarnos, al darnos cuenta de que **no somos una isla en nosotros mismos, sino parte de una humanidad**.

Tu invitación para ir al Cielo

¿Sabes adónde irás después de morir? ¿Has recibido tu invitación para ir al Cielo?

Seguro que sí, aunque no te des cuenta. Allí te reencontrarás con todos aquellos que has conocido en la Tierra, ya que **la muerte no es el final**.

Llegamos al otro mundo con nuestra energía y carácter. Mientras tanto, **perdona a todos, haz lo que puedas, da lo mejor de ti mismo**. Nadie va a arder en el infierno. Tampoco nadie se va a sentar al lado derecho de Jesús esperando a que suenen las trompetas del Juicio Final. Pero Jesús es real, los ángeles son reales, los maestros son reales.

Al morir, salimos de nuestro cuerpo y nos vamos al otro lado. Nadie muere solo, e incluso cuando hay un accidente o una muerte repentina, lleva un proceso de unas tres semanas salir fuera del cuerpo.

La vida (y la muerte) es un viaje

Tenemos que aprender a amar, a dar, a ser conscientes. Todos existiremos eternamente y existimos desde el principio de los tiempos. **La pregunta es por qué estamos aquí y qué vidas nos están afectando, pues seleccionamos nuestras familias biológicas y todo lo que nos ocurrirá para seguir nuestro camino**.

A veces escuchamos voces que nos dicen: «No te quedes en el camino recto». Son tentaciones que al final, cuando las obedeces, te abandonan, dándote cuenta de que sólo has seguido una tentación. **Cada uno tiene un camino, y hemos de recorrerlo para llegar a nuestra meta**.

Se acerca el momento para todos nosotros, el momento en que nos enfrentaremos cara a cara con nosotros mismos. Nadie puede cambiar nuestro karma ni maldecirnos, sólo nosotros mismos somos responsables de lo que nos ocurre. No existen los males de ojo a menos que tú mismo lo crees.

Perdona y no tengas rencor, porque cuando mueras encontrarás a todas las personas de tu vida, y para seguir adelante hacia la luz, para no quedarte atascado, es necesario que perdones.

Todos aquellos que matan, sea por el motivo que sea, han de asumir la responsabilidad de haber quitado una vida. Dios nada tiene que ver en eso. Nos preguntamos dónde está Dios cuando pasan cosas malas, cuando mueren niños en la calle, estalla una guerra, o violan a niñas. Dios nos observa y dice: **«Mirad, observad, y alterad las frecuencias cerebrales para escuchar, para ser responsables»**.

Todos, cuando morimos, nos enfrentamos a lo que hemos hecho, a nosotros mismos. Nadie queda impune ante la justicia espiritual, ante su propia justicia, porque **como trates al más pequeño de los seres, te estarás tratando a ti mismo**.

¿Puedes imaginar que la humanidad está a punto de embarcarse en un viaje de luz y verdad? En cada familia hay un «bicho raro», que es quien dará la información, quien ayudará, junto a otros, al cambio.

Los que ocupan cargos de poder van a caer. Europa va a cambiar, todo se va a estabilizar. Es un viaje a la verdad. **«Conoce la verdad, y la verdad te hará libre.»**

Todos hemos nacido con la habilidad de comprender, todos nos vamos a morir y la pregunta es si sabemos adónde vamos. Cada vez que te lo preguntes, la respuesta será: **tienes una invitación para ir al Cielo**.

4

El legado de Father John

Mientras escribía este libro, Father John, mi marido, maestro y compañero, estuvo a mi lado en el mundo terrenal. En septiembre dio el paso hacia el otro mundo, pero él sigue a mi lado, aconsejándome y ayudándome para continuar con nuestro trabajo, y sé que está entusiasmado con este proyecto y que lo leerá desde el cielo. Es por este motivo, por todo su trabajo, por todas las vidas que ha tocado, incluida la mía, que deseo añadir este epílogo en el libro.

Porque nunca olvidaremos tu sonrisa, tu sabiduría, y sabemos que siempre estarás a nuestro lado cuando te necesitemos.

I love you Father, always yours, Baby.

Una invitación para ir al Cielo

Mi amado esposo, con quién he tenido el placer y el honor de recorrer la vida durante treinta y ocho años, traspasó al otro lado el lunes 27 de agosto del 2012.

Como todos sabéis, ninguno de los dos creemos en la muerte, sino en un paso, una transición a otra etapa de la vida. Es por ello que nosotros no celebramos una despedida, sino una fiesta por la vida y por John el viernes 31 de agosto.

El servicio contó con la presencia de cientos y cientos de personas de todas las clases sociales, religiones, culturas y razas. La gente venía de todas partes para honrarlo y formar parte de la celebración de la vida de Father John.

Durante el servicio nos sucedió algo increíble, una experiencia que pudimos presenciar todos. A medida que bendecíamos el viaje de John, alguien advirtió que había dos grandes águilas sobrevolándonos. Todos miramos al cielo, y vimos cómo una de ellas se alejaba, mientras la otra regresaba hacia nosotros. Un claro mensaje que nos decía que, a pesar de que se iba lejos, continuaba con nosotros, y John lo hacía con un símbolo que había utilizado como emblema del instituto que tantos años atrás había fundado. Un gesto que me hizo recordar la mariposa que apareció cuando aquel pequeño bebé enfermo traspasó por fin al otro lado.

Muchos son los que me preguntan si voy a extrañarle, y por supuesto que sí lo haré, añoraré su abrazo y su presencia física, pero sé con total certeza que él continúa a mi lado, pues nuestra unión va más allá del cuerpo y tiene mucho que ver con una misión que hemos estado realizando desde antes de conocernos.

Todos los que tuvimos el placer de compartir algún momento con él, sabemos que disfrutaba enormemente de la belleza que le rodeaba, y que era capaz de dejar su mente en blanco y trascender su propio cuerpo. Desde mi propio punto de vista, sólo tengo palabras de agradecimiento para los treinta y ocho años de matrimonio que compartimos, un matrimonio que sigue en los cielos. Siempre fuimos el uno para el otro, y ambos nos dedicamos a lo que nos unía y completaba, la ayuda a los demás.

Son innumerables las vidas que John llegó a tocar y a los amigos que reunió a través de sus viajes y enseñanzas. Él disfrutaba enormemente organizando eventos y conferencias, como las Conferencias Internacionales de Montreal. Ambos estábamos muy ligados a la Organización de Yoga Vedanta Sivananda, donde John pasó gran parte de su tiempo en los últimos dos años, estudiando y meditando durante el invierno en el ashram de Val-Morin, en Nassau.

De hecho, John estaba en el ashram cuando traspasó al otro lado. Habíamos pasado un maravilloso día juntos allí y estábamos planificando su ochenta y dos cumpleaños para el 8 de septiembre. Hablamos muchas veces durante esa mañana y él no dejaba de repetirme cuánto me amaba y todos los proyectos que tenía en mente.

A la una del mediodía salimos a dar un paseo, durante el cual tuvo que sentarse en una silla y su piel cambió de color, así que le ayudamos a acostarse. Él respiró profundamente tres veces y sonrió. Así es como entró en el Reino de los Cielos.

John murió completamente consciente a las dos, y al comprender lo que estaba ocurriendo, aproveché para decirle lo mucho que lo amaba, lo maravilloso que había sido como marido y amigo. Su mirada, cuando traspasó, era de absoluta paz.

Todos vamos a añorar su presencia física, así como sus gestos de cariño, y nuestros voluntarios están muy agradecidos por todo lo que compartieron juntos.

¿Quién era Father John?

El doctor John Leslie Rossner nació en Nueva York, en una amorosa familia católica. Su madre Seale Eleanor y su padre George Rossner, le dejaron a muy temprana edad, junto a su hermano Edward, quién también falleció a una edad temprana dejando dos hijos, Shirley y Phil, de los que Shirley fue el único miembro de la familia de John que le acompañó durante el resto de su viaje terrenal, y quien le quiso como a un padre.

John amaba profundamente a sus padres. Cuando era niño, su padre se alistó en la Marina y dejó solos a los dos hermanos en la típica casa inglesa de Massachusetts donde vivían. Tuve el placer de conocer a algunos de los vecinos que coincidieron con él cuando era niño, y todos decían que era un joven muy especial, que pasaba muchas horas leyendo y dibujando.

En la escuela le consideraron un verdadero genio, y pasaba mucho tiempo como un activo orador y ayudando a todo aquel que pudiera necesitarlo, ya fuera paseando a los perros del vecindario como haciendo la compra para sus vecinos.

Cuando murió su madre, John y Edward crecieron con su abuela, con quien tenían una adorable relación. Y a los diecisiete años, John tuvo una especie de manifestación a la que llamó Dios, momento tras el cual comprendió que esa presencia existía realmente y deseó dedicarse a mostrárselo al mundo.

John tenía siete posgraduados cuando se ordenó, pero nunca hubo de pagar un céntimo, pues cuando le conocían siempre deseaban que se quedara, y era invitado a distintas universidades, donde él daba clase y cursaba sus propios estudios.

Cursó el seminario en Nueva York y desde muy joven impartió clases en la universidad sobre Historia de la Religión, ayudando también en el departamento de lengua, pues estaba versado en las lenguas clásicas, aunque fue en Inglaterra donde se ordenaría como sacerdote anglicano y episcopal. En uno de sus viajes, un hombre le paró y le dijo: «Creo que eres brillante y estarías muy bien como profesor en la Universidad de Canadá». A los pocos días recibió una invitación formal, y fue cuando John se trasladó a Montreal para enseñar en el Departamento de Religión de la Universidad de Concordia desde 1972.

John fue un intenso investigador, y realizó numerosos estudios sobre religiones y culturas comparadas, y desde 1972 se convirtió en un pionero en la aplicación de los resultados de estudios científicos sobre la conciencia y la investigación psíquica en las experiencias religiosas humanas, siendo el primer erudito en Canadá que introduciría estos temas en el mundo académico.

Nos conocimos cuando él ya tenía cuarenta años, sus padres habían muerto, aunque tuve la oportunidad de conocer a su abuela, a su hermano y sobrinos, así como a sus padres a través de las ilustraciones que él había realizado siendo niño. Cuando su hermano murió, así como uno de sus sobrinos, a John sólo le quedó su sobrina, quien se sintió muy próxima a él y empezó a tratarle como si fuera su padre.

Entre todos sus estudios, John estudió lenguas clásicas e historia antigua, y para la tarea que él sentía debía realizar en esta vida, conoció a toda clase de personas y viajó por todo el mundo, entablando amistad con budistas, sufís, yoguis, judíos... En su trabajo en la universidad, combinaba la religión con la parapsicología y estaba muy interesado en la parte mística de las religiones. Solía decir que los fenómenos psíquicos son el eslabón que falta entre religión y ciencia, y que ese desconocimiento es la causa por la que existen tantas luchas entre ambos bandos. Y así fue como se convirtió en el primero en estudiar, hablar y enseñar sobre el tema, reuniendo a más de diez mil personas en sus primeras conferencias.

John era una persona amable, dulce, comprensiva y pacífica. Nunca le oí gritar a nadie; estaba muy seguro de quién era y de lo que hacía, así que no discutía y, cuando veía que la conversación llegaba a un punto muerto, decía: «Marcha en paz».

Él siempre fue muy creativo, un auténtico artista, y cuando volvía de mis viajes encontraba algún detalle para mí que decía:

«Bienvenida a casa, mi pequeña campeona». Recuerdo que en el primer viaje que hice con él a España, nos comentaron que nunca habían conocido a una pareja que se complementara de esa forma para ayudar al mundo, que éramos una auténtica pareja espiritual. Y lo cierto es que yo lo adoraba y me extasiaba escucharle hablar.

Todos los que lo han conocido cuentan historias similares sobre cómo John tocó sus vidas y las cambió. Él siempre vivió al máximo, sabía a qué había venido y nunca cambió, siempre fue hacia delante en su empresa.

Hace un año recibí un mensaje que me decía que estaría con nosotros hasta los ochenta y dos u ochenta y tres años, y justo iba a cumplir ochenta y dos cuando se fue. Él continúa en comunicación conmigo y me dice qué quiere que haga, pues desea que continúe con su labor para ayudar a traer la paz al mundo.

Los demás piensan que ésta debería de ser una vivencia terrible para mí, pero sé con absoluta certeza que está en el otro lado, que no ha muerto y que aún estamos unidos y en comunicación. He visto algunos de los lugares donde está, y le he visto con mucha gente, hablando. Es muy feliz.

Sus estudiantes le adoraban, y con su transición he recibido cientos y cientos de correos electrónicos, cartas y llamadas de todo el mundo. Y realmente todos saben que está aquí. La fiesta que le hicimos fue una celebración de su vida y todos venían vestidos con colores alegres y flores, recordando sus enseñanzas.

Su sonrisa y su sabiduría nunca serán olvidadas, cuando piensas en él, siempre está presente. Le añoro, pero estoy segura de que continuaremos trabajando juntos. Y ahora que estoy enviando las invitaciones para las siguientes conferencias, continúo haciéndolo a nombre de los dos, porque ambos estaremos ahí.

John se fue de forma consciente, sin medicinas, sin hospitales… Hizo tres respiraciones profundas y dio un paso hacia delante. Él siempre supo que la vida era eterna, así que cuando recibió su invitación para ir al Cielo, sonrío y la aceptó.

Aquí os dejo una de las hermosas cartas que recibimos dirigidas a John:

Querido Padre John:

Deseamos que tu viaje al Cielo sea tan extraordinario como tu viaje aquí en la Tierra, que tus dolores hayan cesado encontrando la Paz que tanto mereces, que tu cuerpo se encuentre ya erguido como en aquel momento en que te conocí hace ya casi veinte años y que todo este Amor que por ti sentimos te llegué multiplicado por tanta generosidad como derrochaste hacia la humanidad aquí en la Tierra. Sabemos que no te has ido, que sólo has cambiado de lugar, y que permanecerás VIVO dentro de los corazones de aquellos que tuvimos el privilegio de conocerte, escuchar tus palabras llenas de sabiduría, tu bonita voz y tu inigualable presencia. No te decimos adiós… porque siempre estarás presente en nuestras Vidas y dentro de nuestros Corazones.

Gracias por tu Ejemplo, tu Bondad, tu Entrega y tu Sabiduría… Nunca te podremos Olvidar porque TE AMAMOS.

Mensajes desde el más allá

Desde que John dio el paso al otro lado, no he dejado de recibir mensajes suyos en distintas formas y lugares, así como por manos diversas.

Me encontraba en Indiana con motivo de un viaje de estudios y por una serie de conferencias y no tenía previsto mi regreso a casa hasta el día 29, cuando recibí un mensaje que me decía que debía volver para el día 26, así que cambié mis billetes. El domingo 26 estaba de regreso cuando recibí un mensaje dictado por John a su cuidador en el ashram: «*Querida Marilyn. Te amo nena, y estoy esperando que llegues pronto. Con todo mi amor. Padre*». Después de lo acontecido al día siguiente, me doy cuenta claramente de que el espíritu era quien me decía que volviera el día 26 para que tuviera tiempo de estar con John y despedirme de él.

Tras su traspaso, hemos tenido contactos breves. Teníamos la costumbre de llamarnos mucho durante nuestros viajes, y el martes 28 a las seis de la mañana, empezó a sonar mi teléfono. Me levanté de un salto y al descolgar, escuché a John con un suave hilo de voz decirme: «*Te amo, nena*».

Después de la ceremonia que celebramos para festejar su vida, viajé a Tenerife, y en la iglesia todos me dijeron que sentían que él estaba allí. Yo sé que me está ayudando a seguir con su trabajo, que está muy excitado con este libro y que nos leerá desde el cielo, porque la muerte es sólo un proceso.

En mi último viaje a Madrid me han pasado tres sucesos extraordinarios.

El primero fue cuando una mujer desconocida se acercó a mí junto a su madre y me dijo que tenía algo para mí y que por favor lo abriera. En el interior del paquete había una gigantesca piruleta en forma de corazón. Ante mi expresión la mujer dijo: «Los espíritus me han dicho que te dé esto de parte de aquel que te ama».

Cuando nos casamos, John y yo viajamos alrededor del mundo, pero cuando regresamos a la universidad él me trajo una piruleta en forma de corazón y, a partir de ese día, siempre que me dejaba un mensaje lo acompañaba con un corazón. Algo que la mujer no podía saber, pues ni siquiera había llegado a hablar con John. Un dulce mensaje desde el otro lado.

El siguiente suceso me ocurrió con un hombre llamado Javier a quien había conocido hacía casi cinco años. Cuando le conocí, Javier deseaba hablar conmigo porque había empezado a ver cosas. Siempre me han fascinado las personas creativas, y Javier era un artesano ejemplar, así que le compré una maleta azul para John y le dije que cuando volviéramos a vernos le compraría una carpeta. Pasaron cuatro años y no volví a verle, pero curiosamente, al llegar a Madrid nos encontramos. Javier iba acompañado por su mujer y su bebé, y bajo el brazo llevaba un regalo. «Te estaba buscando, me dijo; tengo un regalo para ti». Y cuando lo abrí encontré la carpeta que le había pedido para John.

Por si esto fuera poco, realicé una sesión a una mujer a la que nunca había visto. Ella me explicaba que estaba muy asustada, porque las luces de su casa se encendían, y no sabía qué hacer. Éste era el típico caso que John habría estudiado con entusiasmo, así que quedé en reunirme con ella al día siguiente. Durante la noche, mientras yo dormía, el televisor se encendió, y también las luces, y entonces lo comprendí todo. Cuando a la mañana siguiente me reuní con la mujer le dije: «Ya sé qué es lo que te ocurre. Eres psicoquinética», y en ese preciso instante se escuchó un ruido muy fuerte como si algo se hubiera caído y un sonido sibilante nos llegó a todos. Buscamos el origen, pero no lo encontramos. Nada se había caído ni golpeado, y sonreí, porque sabía que era John diciéndome que había dado en el clavo.

Todo el tiempo que he pasado con John lo hemos empleado en ayudar a la humanidad, en emprender proyectos y realizar conferencias, con la misión de traer la paz a la gente.

Cuatro días después de la celebración que hicimos por John, la hermana Leonna Hartmann estaba dando un paseo, triste por la marcha de John, cuando una de las voluntarias señaló dos hermosas águilas que sobrevolaban el cielo, y como durante la celebración, una se alejaba y la otra regresaba, indicándole que no estaba sola.

John fundó hace muchos años la Orden de la Transfiguración, y a su traspaso, una de sus médiums me llamó para decirme que había visto a John en pie diciéndole: «Ésta es la trasfiguración del cuerpo al espíritu». Pocos días después, otra médium a la que no conocía contactó conmigo para explicarme cómo, mientras estaba en medio de un círculo espiritual, vio un paisaje celestial en el que dos jóvenes soldados daban la bienvenida a John junto con una medalla a la valentía, para después reunirse con un grupo de soldados que habían muerto en un fuego. Una etapa de la vida de John de la que apenas hablábamos, y de la que nadie sabía gran cosa, era de cuando él estuvo sirviendo en las Fuerzas Aéreas británicas. De los pocos detalles que yo conocía sobre esa época fue que uno de sus mejores amigos murió, efectivamente, en un incendio.

En uno de nuestros últimos contactos decidí preguntarle si quería seguir haciendo conferencias y él me respondió que sí, así que yo insistí para saber cuántas o hasta cuándo deseaba continuar, y él sólo respondió: «Mientras la gente las necesite».

Mensajes para un nuevo orden

Recientemente he recibido muchos mensajes que me aseguran que los próximos años serán muy importantes. Todos nos levantaremos por la paz. Es importante que a partir de ahora seamos valientes y que no permitamos que nuestra atención se enfoque en cosas que no tienen que ver con esta transformación.

El mundo va a cambiar, porque la gente se va a dar cuenta de que odiar y luchar entre nosotros es absurdo. Tenemos que levantarnos por la paz. Durante este periodo de transformación suceden y sucederán muchas cosas extrañas y tristes. John solía decir que Dios no entraba en estos sucesos, que son cosas del ser humano, porque en realidad **el plan de Dios es tan grande que no lo podemos abarcar. El sufrimiento es humano, porque Dios sólo desea para nosotros la paz y la evolución, y ahora es el momento**.

El Espíritu Santo dice que pronto mucha gente será reclamada al otro lado porque se les necesitará para ayudar en el cambio. John decía que ésta era la segunda revolución copernicana, es decir, que la verdad va a salir a la luz muy pronto, y de todo este caos va a nacer algo precioso.

Llevamos demasiado tiempo alejados de la luz y de la verdad. La guerra y los asesinatos no tienen nada que ver con el Espíritu de Dios, y por ello debemos darnos cuenta de la verdad que hemos estado ignorando durante tanto tiempo.

Jesús no va a venir en ninguna nave a buscarnos, ni el mundo se va a acabar.

Ahora todo sucede muy deprisa, y muy pronto la gente dejará de luchar y se dedicará a traer vida al mundo. Animo a la gente para que se oriente hacia la paz, la alegría y la luz, olvidando la guerra, la tristeza y la oscuridad. Todos estamos en este camino y debemos llegar a completar nuestra misión. Todos vamos al otro mundo y hemos de aprender a ir con plena consciencia, porque se puede aprender a traspasar conscientemente.

No hay que sufrir por la muerte, porque sólo es un cambio.

Siempre a nuestro lado

Cientos y miles fueron las personas que vinieron a escucharle y a hablar con él, porque estaban interesados en los fenómenos psíquicos y nadie había sido capaz de unirlos a todos de la manera que él lo hizo. Recuerdo que John enviaba cartas invitando a sacerdotes, rabinos, doctores y enfermeras a sus conferencias, y que sólo un par de ellos acudieron al principio. En cambio, ahora la gran mayoría de personas que vienen a las conferencias son profesionales de la ciencia y de la religión.

Su legado ha sido ofrecer de forma académica estos fenómenos al mundo. Dedicó toda su vida a traer paz a la gente, y nunca será olvidado. Todos los que le conocían quedaban muy impresionados, porque era imposible discutir con él. Su fe era muy fuerte, pero al mismo tiempo respetaba y estudiaba la de los demás.

Todos le echarán en falta porque era un gran orador y maestro, pero sé que recibiré su guía desde el otro lado y podré continuar con su labor. Su trabajo fue muy importante en todo el mundo, y por ello vamos a seguir adelante, porque él querría que siguiéramos mirando al frente.

De sus alumnos y voluntarios:

Gracias Maestro. Por encender la llama de la inspiración en nuestros corazones mediante tu ejemplo. Cuando pensamos en todo lo que nos has enseñado, y vemos nuestro reflejo en ti, queremos ser como tú.

Inteligente, interesante y comprometido. Positivo, confiable y modesto. Generoso, sabio y santo. Queremos ser como tú.

Informado y fácil de entender. No sólo pensando con la

mente, sino también con el corazón. Motivándonos para sacar siempre lo mejor de nosotros. Con sensibilidad y devoción. Dando tu tiempo, energía y talento. Para asegurar el más brillante futuro de cada uno de nosotros.

Gracias por enseñarnos cómo es una vida entregada al amor y al crecimiento. Y gracias por enseñarnos cómo acercarnos al Cielo viviendo en la Tierra. Gracias Maestro, por darnos el impulso para conseguir nuestros objetivos en la vida. Queremos ser como tú.

Apéndice

¿Quién escucha a la Virgen María?

Dios y el mundo espiritual han tomado la iniciativa para establecer una nueva humanidad y paz en la Tierra. Más allá de toda religión, etnia, raza o nacionalidad, más allá de toda barrera, las visiones de la Virgen María nos hablan de la proximidad de una gran transición a ese nuevo Cielo y Tierra prometida por las escrituras sagradas.

La Virgen María nos advierte sobre la resistencia al Plan divino por parte de los humanos, y de la transformación planetaria que traerá desastres por todo el mundo. Hemos sido testigos de algunas de estas catástrofes naturales recientemente; otras no las hemos visto aún porque se esconden tras la crueldad e ignorancia humana, la cual debemos combatir con acción, pasión, justicia y verdad.

Dios no quiere ni tiene nada que ver con las tragedias humanas: la guerra, el crimen, la opresión, el terror... Tampoco con los desastres naturales. Todos ellos son el resultado de la oposición humana al amor divino.

Hay una puerta abierta a través del Cielo y la Tierra para toda la gente, la cual fue establecida a partir de la resurrección de Cristo, y ningún poder en la Tierra ni en el Cielo puede cerrarla.

La Virgen María nos invita a regocijarnos cuando dice: **«Dios ya está trabajando para elevar una nueva Iglesia de las ruinas de la antigua. La verdadera, sagrada, católica y apostólica Iglesia, que consiste en la comunidad de toda la gente de todas las religiones y de todo el mundo tocados por el Cielo».**

La Virgen María habla:
58 mensajes para la humanidad

A continuación expondré algunos textos inspirados en los mensajes que recibí de la Virgen María y de otros santos, los cuales pueden ser estudiados en profundidad en el libro titulado *María está hablando: ¿Quién la escucha?* En esta lectura hay que tener en cuenta que no son mis palabras las que veréis escritas, sino la transcripción de mensajes que me fueron comunicados, tal como quiso transmitirnos la Virgen María con sus visitas.

1

Os doy mi paz para que la hagáis llegar a todo el mundo.
Os doy mi alegría para que la podáis repartir por todo el
mundo. Os doy mi amor para que lo llevéis a todo el mundo.
Y así como lleves mi amor alrededor del mundo, estarás
llevando el mensaje de mi Hijo.

2

Muchos dirán que mi Hijo nunca existió, escribirán libros
negando su existencia. Ahora veo que el amor, la luz y la paz
vendrán. Habrá muchos libros que digan que nunca existió,

que fue una mentira. No discutas con ellos, sólo entra en las
palabras de mi Hijo, siempre recuerda a mi Hijo. Todo puede
ser conseguido con amor, el mensaje de mi Hijo era simple.
Es vuestro Señor y mi Hijo, es vuestro Señor y vosotros
sus niños.

3

Sé que todos tenéis ojos para ver. Me satisface cómo me
reconocéis y cantáis. Nuestro Señor quiere transmitir un
mensaje de amor, nunca ha instigado el miedo a nadie.
Muchos de mis mensajes no han sido compartidos por
completo por aquellos que los han recibido. La luz viene, hay
mucha tristeza, pero yo represento la paz. Estoy feliz de ver
que reconocéis la luz. Todos tenéis una madre en el Cielo que
cuida de vosotros.

4

Cantad mi canción con alegría y verdadera devoción, sois
niños de luz y paz. Me alegra comprobar que habéis
entendido qué son las visitas que recibís. Habéis sido
bendecidos por el Señor, sois libres. Soy feliz entre vosotros
y os bendigo.
Seguid adelante mis niños, el Señor está con vosotros.
Vuestras vidas están benditas por nuestro Señor.
Llevad el estandarte de la luz allá donde vayáis
y que éste lleve claridad allí donde estéis.

5

Mis niños, el verdadero rosario es el Cristo resucitado,
es importante tener esta imagen.

6

La verdadera enseñanza de nuestro Señor renacido es una impronta potente en nuestra tierra; la presencia de Jesús ha de ser tan fuerte como para llevar a la humanidad hacia la luz. Sólo a través de la luz, el amor y el entendimiento del Cristo resucitado el amor divino viene a la Tierra.

7

Hay muchos visionarios en la Tierra en cada comunidad, pero no todos aceptan las visiones. Los mensajes de la luz descienden a la Tierra, y es importante que seáis instrumentos de esa luz. Lloro cuando veo a tantos que no aceptan las visiones, pero me regocijo cuando aceptan a Jesús. Todos los que oran al Cristo resucitado son niños de luz. Aquellos que enseñan el miedo no son parte de la verdad y de la era que se aproxima. Muchos de los que ahora visten como líderes —políticos, sociales, religiosos…— y sus planes de dominación, todos aquellos que les siguen, no forman parte de las enseñanzas de la verdad.

8

Antes de que los tres pernos de luz lleguen, soplemos y soplemos para hacer caer los falsos ídolos, veremos romperse sus verdades enfermas. Seréis conocidos como visionarios y daréis valor a los niños para abrir sus corazones al Señor. Un niño de luz tiene la visión de Cristo, vive la paz en tu corazón. Te bendigo con amor, paz, valentía y fe, y con el poder que contiene el rosario. Vuestras almas son puras y sois más que capaces de llevar mi mensaje al mundo. Deja que los demás te cuiden como no han podido con sus niños, que puedan abrir sus corazones y almas y expresar su amor.

9

Amo cuando me cantáis y comprendéis que sois niños. Concentraos en el amor, la luz y la alegría y no en el pecado. Orad por la paz, la paz que vendrá con Jesús cuando el amor viva, os bendigo mis niños.

10

Mis niños de viva luz. Es maravilloso poder contaros qué va a ocurrir en distintos puntos del mundo. Muchos están empezando a ver qué quería decir y por qué vivió nuestro Señor, y están empezando a comprender que en la Tierra está ocurriendo el cambio de los cambios.

11

Cuando visito el mundo, veo justo lo opuesto para lo que vino Jesús. Doy este mensaje a muchos, y muchos lo reciben al mismo tiempo: que Jesús mostró que no existe la muerte, mostró cómo estar centrado en tu cuerpo espiritual durante la crucifixión. Sólo experimentó el amor, sin importar lo que hicieron. Muchos ya son capaces de comprenderlo. Experimentó el rosario cargando con la cruz, para experimentar su unidad con el Padre y el Espíritu Santo.

12

Los niños de luz han experimentado la resurrección de la forma de Jesús; él les ha dado instrucciones para ser emisarios de la luz. Aquellos que lo han experimentado son descendientes de la tribu número trece, descendientes de la tribu espiritual original, como lo sois tú y todos los demás niños de luz. Se manifestó en los Cielos, haciendo temblar la

Tierra, con los vientos y todos los elementos naturales.
Se manifestó en todas partes, no sólo donde fue crucificado.

13

Muchos recibieron sus instrucciones y muchos trataron de
seguirle. Aquellos que no recibieron una tarea se permitieron
subir al mundo superior para experimentar directamente de
su señor. Y con el poder de la luz, del fuego, del viento, del sol
y de la energía de la Tierra, se convirtieron en seres de luz, se
reconstruyeron a sí mismos dejando atrás su cuerpo físico,
y fueron directamente donde está Jesús, porque no hay mejor
trabajo que aquel que pueden hacer en el Cielo.

14

Pero muchos permanecieron en la Tierra. Y cuando éstos
fueron prevenidos de hablar y de actuar, formaron sociedades
secretas. Trabajaron en secreto, preparando grupos para más
adelante. Estos pequeños grupos se encuentran fuera de los
cuerpos oficiales e invocan el poder del Espíritu Santo,
recibiendo directa y activa comunicación. Trabajan así para
no verse afectados por la energía externa del mundo y para
inspirarse directamente en Jesús.

15

Muchos de los grandes maestros y profetas están en
directa comunicación con el Cielo. Ellos saben que
comprender esto llevará su tiempo a la humanidad.
Este mensaje fue dado en muchos puntos del mundo,
como ocurre hoy día. La mayoría no entiende cómo Jesús
puede aparecerse tantas veces en la Tierra. ¿Cómo puede
aparecer en tantos lugares al mismo tiempo? Una de las

habilidades de los seres del Cielo es poder estar en
muchos sitios al mismo tiempo.

16

Muchos luchan ahora en vuestro mundo. He explicado a un
visionario que mi propósito para venir hoy aquí es reunir a
gente de todas las fes en un área abierta. Os preguntaréis por
qué Dios lo permite, por qué no impide las guerras: es porque
cada persona ha de experimentar su propio destino, el destino
de su propia alma. Cada persona ha de comprender que estas
separaciones nada tienen que ver con Dios. Al principio era
sencillo dar mensajes a visionarios en pueblos, entre viajeros
y visitantes, pero ahora todo se ha institucionalizado, y los
visionarios se callan parte de los mensajes; los misterios les
son revelados, pero ellos cambian el mensaje por temor
o codicia.

17

Las personas con traumas y dificultades comprenderán que
no son castigos, sino la forma de hacerse a sí mismos. Habrá
un despertar cuando la humanidad acepte la llamada de
nuestro Señor y será la entrada a un nuevo tiempo para la
humanidad cuando comprendan la luz viva. Esta verdad ha
sido acallada durante mucho tiempo, porque cuando la gente
conoce la luz viva, todo control y poder supresivo desaparece.

18

Estoy contenta por vuestro conocimiento de la luz,
por vuestra dedicación y canción: orad por vuestros niños.
Ahora es el momento, sois niños y no pecadores.
Vuestro conocimiento interior os dice que quiero a los niños

como niños, no como pecadores. Estoy con los niños
visionarios en cuerpo y espíritu, para darles valor,
susurrándoles al oído, porque éste es un periodo difícil,
aunque estarán bien y por ello no existe el miedo.

19

Vosotros sois esos niños de luz, voy a estar con vosotros
durante todo el camino, y mi hijo siempre está ahí, dos pasos
por delante para alumbraros el sendero.

20

Por el rosario de Cristo y por su sabiduría, estuvo por encima
del sufrimiento para experimentar la alegría. Su cuerpo
cambió de acuerdo con la naturaleza, pero su espíritu no
sufrió. Vino a la Tierra para que la humanidad no sufra, y
dijo: «Venid a mí, yo soy el camino, la verdad y la vida».
Y también dijo: «Cuando una persona permanece como
un niño y permanece en la luz, la esencia del niño no sufre,
sino que continúa en la luz».

21

Yo soy por la paz y la paz va a ser en la Tierra, pronto, muy
pronto. Oremos para que a todos aquellos que continúan en
la oscuridad y la opresión les llegue la luz, porque la luz es
para todo el mundo. Benditos seáis, siempre estoy con
vosotros.

22

La paz os traigo yo, hijos míos. Mi amor comparto con
vosotros. El amor de mi Hijo traigo a vuestras
dimensiones, el amor del Creador universal es mostrado

en toda la Tierra en este momento, el amor del Espíritu
Santo es tal que todos los hijos de Dios tienen la
oportunidad de permanecer en la verdad y declarar la
unidad de Dios y la humanidad, y darse cuenta de que la
paz es lo único que nos puede salvar.

23

Sí, queridos hijos, es mi paz lo que os traigo a vosotros, y es
vuestra paz a la que sois llamados y conducidos para llevarla
a todos los que estén ante vosotros.

24

Habéis sido iniciados, hijos. Ya sois iniciados y a la vez sois
iniciadores de la refulgente luz y de la paz de Dios. Os pido
que no lloréis más, os pido que comprendáis que estáis aquí
para traer la paz.

25

Alegraos y sabed que Jesús no vino a la Tierra en forma
humana sólo para que la humanidad se reflejara en un
tiempo en que la mayoría caía fuera del camino y rechazaba
mirar en la luz, sino para mostrarnos que con sólo ir al reino
de Dios alcanzamos la paz, pues no existe sufrimiento.

26

Un verdadero seguidor de Jesús es quien experimenta el
Cristo vivo. Y sólo cuando el Cristo despierta en el corazón de
un niño, este niño puede comprender realmente al Creador.
Y sólo a través del conocimiento del Creador, puede llegar a la
comprensión directa del Misterio de Dios. Sólo esos niños que
han experimentado el Cristo vivo o se han visto despiertos en

Cristo, son los niños que realmente entienden a Jesús,
que comprenden el mensaje de mi Hijo.

27

Recordad los cuatro estados para que todos los niños
experimenten el Jesús real. Cuando estés listo para
experimentar a Jesús, tal y como eres, entonces entenderás la
experiencia de los cuatro estados. Los estados son comparados
con los primeros estados de vuestras vidas. Tal como habéis
sido iniciados y vosotros habéis iniciado a otros, puedo
aseguraros que sois merecedores de los cuatros estados. Os
invito, queridos niños, a ir hacia el conocimiento, practicar y
enseñar. No digáis qué no es verdadero, sino que enseñad sólo
lo que es verdad. Nuestro Señor no dice qué no es verdad.

28

Nuestro Señor viene para hacer realidad las escrituras, para
entender los cuatro estados, para enseñar que es verdad, no
para condenar sino para aceptar a todos, para tener amor y
compasión por todos. Estás listo para experimentar, para
conocer por qué Jesús vino a la Tierra.

29

Jesús vino a la Tierra en un simple cuerpo como tú has hecho,
y ése fue su primer estado. Fue cuando comprendió el nombre
que le habían dado, como cuando siendo niño tú aprendiste tu
propio nombre.

30

Cuando Jesús fue al templo y estuvo con sus maestros, fue
más allá de su yo primero, y comprendió que estaba

experimentando el Cristo Eterno, el Logos Divino, el Dios en
Él, que es el significado de entrar en la juventud. El estado de
pubertad es similar a cuando experimentas el verdadero
significado de Cristo, y quien se da cuenta de esto está en el
segundo estado.

31

Cuando comprendes que eres uno con Cristo y sientes esa
simplicidad que fluye por todo tu cuerpo, entras en el tercer
estado. Los últimos tres años de la vida de Jesús los pasó en
este estado y conectó con Dios.

32

Y durante la crucifixión experimentó el cuarto estado o Cristo
aumentado. El cuarto estado es experimentar después de
haber comprendido y experimentado el misterio contenido en
el tercer estado. Estás listo para experimentarlo, no te sientas
como que no eres capaz, pues no estarías donde estás si no
lo fueras.

33

Ve hacia la verdad que está contenida en la misma
Tierra. En este momento, la Tierra está en el tercer
estado y está entrando en el cuarto; aquí es donde hay
la separación. Aquí es cuando la humanidad ha de
experimentar, de forma individual y colectiva, y tomar
la decisión. Pero no vayas y critiques, sino ama a todos y
comprende que aquellos que no se dan cuenta de la luz
divina, son aquellos que a su modo intentan subir la
montaña, llegar a ese cuarto estado. Y tú, como niño
iniciado, tienes la posibilidad de ayudarlos dando la

mano a los que están más abajo. Tenemos fe
y confiamos en ti, querido niño.

34

El momento está llegando a tu Tierra; llegará una gran
venida conjunta, que unirá a aquellos que están en la luz
y a aquellos que se permitieron alejarse, y habrá mensajes.
Ve y proclama la verdad de que Dios de verdad es.

35

La paz que os traigo mis niños es la paz de Dios que mi
Hijo trajo a la Tierra para aquellos capaces de escuchar y
ver. Y ahora os digo que en verdad, muy pronto, la paz
llegará. Aunque exista tristeza que prevalece en la Tierra,
a pesar de que exista gente que planea acabar con la
libertad, a pesar de la manipulación, existe un gran plan
de nuestro amante Creador. El terror y el miedo van a
acabar en poco tiempo.

36

Muchos hablarán de destrucción, y mucha destrucción habrá,
sí, pero la gran mayoría será sobre aquellos que han dicho
que hablaban en nombre del Señor y no era verdad. En poco
tiempo la mano de Dios caerá sobre las naciones y hará caer
los falsos templos, y entenderemos que no hemos sido creados
para dominar, sino para amar.

37

El segundo advenimiento está cerca; va a hablarse mucho
sobre el anticristo, pero no es más que un truco para
mantener a los niños de luz alejados de la búsqueda de la

verdad divina, de encontrar los misterios de nuestro señor
y proclamarlos, así como la paz y el amor.

38

Va a haber una verdadera renovación, que nunca había
llegado a la Tierra por aquellos que deliberadamente la
detenían y destruían.

39

Ahora hay un movimiento en nombre de nuestro Señor que
detiene el progreso, y oiréis muchas cosas que no son verdad.
Pero recordad que al final sólo podrá ganar el plan de Dios.
Os animo a que mantengáis encendidas las llamas e invitéis
a otros a hacerlo, y recordéis el propósito de la llama, para
entender el corazón, el sagrado corazón, entender la sangre
que fluirá, la relación entre la sangre que fluirá hacia el
sangrante corazón de Jesús, para comprender la conexión que
termina en el sagrado corazón, y de la limpieza que se está
dando en la Tierra.

40

Los labios de los visionarios están siendo acallados, aquellos
que tienen visiones reciben amenazas, y los niños de luz son
amenazados para no decir lo que saben que es verdad,
pero el momento está cerca, y entonces nos levantaremos
hacia la verdad.

41

Va a ser la resurrección de los muertos, y esto realmente
significa que algunos de aquellos que murieron, regresarán.
Serán muchos los que serán capaces de mostrarse. Y los niños

de luz estarán en la Tierra en ese momento mezclados con los
millones de almas; habrá luz, no del sol o de la luna o de las
estrellas, sino de aquellos que han muerto y se levantan.
Y aquellos que se levanten traerán la luz a la humanidad,
para que sepamos que no están muertos, porque la muerte
no existe.

42

En el nombre del Padre, del Hijo y del Espíritu Santo.
Os doy la bienvenida, queridos niños.

43

Como ya os hemos dicho, se os van a retornar los caminos,
la Verdad divina de todos los tiempos va a ser llevada hasta
vosotros, en los años venideros en el plano de vuestra Tierra.
Ésta se abrirá, y lo que mi Hijo llevó a la Tierra será revelado
en todo el mundo.

44

La Verdad es una verdad que no puede continuar
escondida. Los caminos de todos los tiempos, de todas las
épocas, de todos los lugares, reciben ahora la sabiduría del
uno con el Creador.

45

Así como cada niño de luz por sí mismo decide seguir el
camino con el que ha venido a la Tierra, cada niño se
encontrará a sí mismo, yendo más allá de las puertas del
conocimiento, a las puertas de la verdad, y yendo aún más
allá, al conocimiento del uno con el Creador.

46

Cuando vayas a tu camino, muchos te dirán que las puertas han sido cerradas y sólo están ahí para un camino en concreto. Pero traspasarlas es el destino de los niños de luz, atravesar esos portales que durante mucho tiempo han permanecido cerrados a los niños. El lugar más allá del portal es donde sólo existe la unidad con el Creador.

47

Vuestro mundo está a un paso de un gran cambio. Ese advenimiento ha sonado por primera vez con las campanas que han abierto a la gente sus caminos, alejándolos de la tristeza, del miedo y de la incertidumbre. Los misterios de todos los tiempos se presentan en todo el mundo. Los niños de todos los lugares se están preparando para levantarse en nombre de la verdad, de la justicia y de la paz, y en nombre de la sabiduría, que les fue otorgada por todos los tiempos.

48

El retorno al camino significa volver y entender el principio de los principios, el ciclo de los ciclos; entender la fuerza vital de la fuerza vital; entender el principio de todo principio, el camino de los caminos, el amor de todo amor, el espacio del puro amor sin separación. El espacio donde sólo hay unidad con Dios, el camino del entendimiento total, de la aceptación, de la paz de Dios que llega tras el conocimiento.

49

Es en nuestros días cuando los niños de todas las naciones se alzarán para declarar los misterios, las enseñanzas de

éstos. Porque ahora saben que más allá del poder de la luz
eterna, somos capaces de viajar de un portal a otro, hacia
los portales de aquellos que están más allá de lo más alto.
Es necesario un gran amor para comprender el misterio
de todos los tiempos.

50

Todos sois descendientes de la tribu número trece.
Descendientes de los misterios que llegan tras experimentar
qué significa realmente la casa de David, del triángulo
entrelazado, la unidad en la trinidad y la trinidad como
unidad en sí misma.

51

Recordad que así como os internáis en el camino de los
caminos, ya no hay separación. La humanidad está preparada
para levantarse por la justicia, a través del conocimiento de
la obediencia hacia el Creador, hacia el Uno que no tiene
separación. Levantarse por el más puro amor que se
manifestó hace milenios. Los niños de luz ya no están
asustados. Muchos de los que fueron llamados y no
escucharon, ahora están preparados, porque han visto que la
mayoría de cosas que ocurren en la Tierra no tienen que ver
con Dios.

52

Mucho de lo que ocurre en muchas partes de la Tierra no
tiene que ver con el plan de Dios y ha llegado el momento de
que los niños de luz vayan a su camino, en el espíritu de los
espíritus, en el lugar de los lugares.

53

No temáis lo que escuchéis, Dios no está lejos sino muy cerca. Declarad los misterios de vuestra fe, de vuestro camino, de la vida misma, ésta es sólo la unidad con el Creador. Declarad el misterio del tiempo y de los milagros, un verdadero discípulo se comprende como un discípulo de Dios.

54

En el nombre del Padre, del Hijo y del Espíritu Santo. En realidad estáis más allá de aquellos a quienes llamamos benditos. No es necesario esperar a cruzar el umbral que separa vuestro mundo del siguiente para consideraros benditos. Quien habla en nombre del Señor, quien camina en nombre del Señor, quien muestra la verdad del Señor, quien proclama libremente la unidad del Señor, quien vive el amor del Señor, él es considerado bendito. Vosotros estáis benditos niños, así que id y enseñad los misterios de la fe, id más allá de las tierras adonde os han llamado, más allá de cualquier nación, orad por la unidad del Creador, en el nombre del Padre, del Hijo y del Espíritu Santo. Te bendigo.

Te doy la bienvenida con el amor de la vida en sí mismo y te digo: mira siempre hacia arriba, hacia los Cielos, y verás mi presencia. Me revelo a ti, a tu corazón. Hablarás de mi revelación, cantarás sobre mis mensajes y dirás mi verdad.

55

Sólo tengo un propósito, y éste es traer la paz, la paz que mi Hijo trajo al dar su vida. Es la paz que os confió mi Hijo, a ti y a los verdaderos cristianos de corazón. Ser un verdadero *cristiano de corazón es vivir la vida de mi Hijo, amar*

constantemente, orar constantemente, perdonar

constantemente, inspirar constantemente.

56

Y pronto, muy pronto, los vientos serán más fuertes, los

mares serán más duros, los océanos más salvajes, el sol

arrasará tierras enteras, algunas montañas se hundirán en el

mar, algunas tierras serán destruidas y abandonadas. Y sobre

todo esto, tú y los niños de luz os regocijaréis al saber que la

paz, la paz de Dios por la que mi Hijo dio su vida, está al

alcance de la mano.

57

Estamos en un momento en que muchas naciones, gobiernos

y religiones poderosas de distintas etnias e ideologías se

hallan envueltas en la competición, una contra otra, alrededor

del Globo. Esta competición es frecuentemente estimulada por

antiguas trifulcas sociales. Muchas de ellas se alimentan por

la frustración y la desorientación de la presión de la

modernidad y la economía, el miedo a la pérdida de la

identidad cultural, reacciones que muchas veces son marcadas

con el terror y las guerras civiles.

58

Por otro lado, éstos son tiempos de una gran oportunidad

para los santos del Cielo y de la Tierra para levantarse y

hablar. Porque estamos en un momento en que muchas

personas espirituales alrededor del mundo están hablando de

los mensajes de transformación que están recibiendo a través

de sueños, visiones, apariciones y otras formas

extraordinarias de revelación, motivando a toda la
humanidad para trabajar juntos con amor, perdón, compasión
como la meta de la humanidad, cooperando por la verdad, la
justicia y la paz en la Tierra.

Agradecimientos
al Cielo y a la Tierra

Con alegría en mi corazón doy las gracias a aquellos que en el Cielo y la Tierra hacen posible mi trabajo y este libro.

En el Cielo puedo hablar de todos los maestros que me han acompañado y guiado a lo largo de mi vida, maestros excelsos como la Virgen María, Jesús, los ángeles y santos, que me han inspirado y preparado desde mi niñez. Además de estas sabias almas inmortales, con profundo agradecimiento quiero recordar también al doctor Swami Sivananda de Rishikesh, santo y gurú de la India, quien vino a mí a los cuatro años y ha estado desde entonces conmigo, guiándome con amor, sabiduría, poder y verdades universales. A Swami Vishnudevananda, quien fundó la Sivananda Organization y me llevó a recorrer el mundo para mostrarme las verdades de la vida eterna. A la reverenda Mamie Brown, ministra espiritual activa hasta los noventa y seis años y mi más querida amiga e inspiración espiritual, además de maestra psíquica. Al reverendo y doctor Clifford Bias, ministro, místico y profesor que me educó en la sabiduría de los ángeles y me ordenó *Ministry of Services*. A la Madre Em, quien me ha acompañado y bendecido durante mi trabajo. Y a mis queridos guías espirituales, consejeros y maestros de todos los lugares y tiempos: maestro Mehvan, doctor Beadle, Little Father, hermana Agatha, Daisy y todos los demás.

En la Tierra doy las gracias a mi amado marido Padre John Rossner, quien me ayudó en mi camino y me enseñó —y sigue enseñando— cada día algo nuevo. A mi amiga y compañera, la hermana Leona Hartman. A mis queridos padres, Abraham y Sarah Zweig, por su amor, cuidados y educación en la devoción a Dios y a los seres vivos, por ayudarme a crecer, a convertirme y a ser. A mis hermanos y abuela, por no juzgarme nunca y quererme. A mis amigos de la Spiritual Science Fellowship of Canada y en el International Institute of Integral Human Sciences, por compartir conmigo tantas experiencias durante todos estos años. A mis hermanos y hermanas del Sivananda Yoga Vedanta Centers International. A mis amados niños, maestros y gurús de mi camino vital. Y, por supuesto, a todos aquellos que habéis leído este libro.

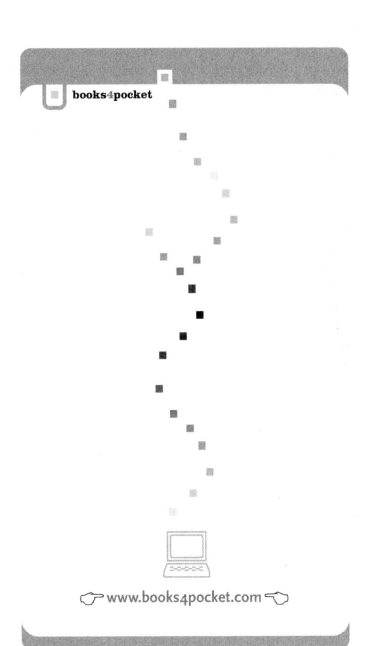

books4pocket

www.books4pocket.com